親の介護は知らなきゃバカ見ることだらけ

双葉社

はじめに

今でこそ介護アドバイザーを名乗っている私ですが、十数年前は、「介護保険？　なんだ、それ？　まったく知らん！」状態。「介護サービス」という言葉の「サービス」とやらは全部「タダ！」だと思っていたほどです。

ホレ、サービスって無料のイメージありません？

ええ、ええ、こんな無知無能の体たらくでしたから、イザ、親の介護が始まると、これら介護のアレコレに、ものすっごく翻弄されましたとも！

まあ、一言で言えば、行政にも世間にも、もちろん親にも「なんでアタシがこんな目に!?」だったのであります。そう感じた理由は、多分、これです。

①よそは知らんがウチの親だけは、ずっと元気で死ぬわけないと信じていた

②もともと、介護をする気は1ミリもなかった

③したがって〝介護〟にまったく興味関心がなかった
④それゆえ〝介護のイロハ〟すら知らなかった
⑤メチャメチャ困って途方に暮れた
⑥なんで、アタシがこんな目に!?

何度サイコロを振ろうとも、結局、⑥の「なんで、アタシがこんな目に!?」という目が出るわ出るわ出るわ。

でも、これは知識不足も大いに関係していた気がします。

介護は主に、実務とメンタルに分かれるように思いますが、この実務的なことをある程度、対策することができるならば、たとえ⑥の目続きの毎日であっても、ほんのちょっとは救われるってことに気が付いたんですね。

それで、「そっだ! 私のような介護初心者が迷子にならない、裏ワザ満載の本音の本を作ろ!」って思って、ダイヤモンド社さんから2015年に出したのが、この本の初版です。

あれから、早いもので6年の歳月が流れました。本書は主に母の介護が始まった08年から14年までの個人的体験をベースにしたものです。

初版以降も、介護保険法をはじめとする法令や制度は、めまぐるしく変化（介護保険法は3年に一度のペースで改正されるんですよ〜）。当然、介護を取り巻く環境も変わっております。

ならば、ここいらあたりで一発、最新情報を盛り込んだ「増補改訂版」を出すべ！　と思い、双葉社さんにご協力いただいた次第。できる限り、今現在の介護現場での実態に沿った情報を補足しておりますが、介護は各自治体や所得、または個々の事情によっても変わるということは申し添えたいと思います。

要は、ひとりひとり、みんな違っているってことですね。

読者の皆様には、私が辿った紆余曲折を大笑いしながら、疑似体験していただけますれば本望です。

さあ、「バカを見なくて済む方法」、教えます！

序章

私は３人きょうだいの末っ子である。つまり、生まれたときから、何も考えずとも上のきょうだいたちに黙って付いていけばどうにかなると刷り込まれて生きてきたに等しい。しかも、我が父は薩摩隼人(さつまはやと)だったため、娘には「嫁(か)して里の敷居(しきい)を跨(また)がず」という教育を施(ほどこ)してくれたもんだから、嫁に行き、実家に里帰りをしたときも、挨拶(あいさつ)は「おかえり」→「ただいま」ではなく「いらっしゃい」→「お邪魔します」だったのだ。つまりなんだ。私はもはや、実家の人間ではなく、婚家先の者であり、しかも末っ子なので、どう引っくり返ろうとも「実親の介護」からは免れる運命！のはずだったのだ。

しかーし！

一体全体、どういう運命の悪戯だろう!?

この私に、高みの見物だったはずの私に、否も応もなく「実親の介護」が降りかかってこようとは！

これは介護初心者である私の6年に亘る右往左往を記録したものであると同時に、「娘であること」の葛藤を綴ったものだ。

本書が同じような介護初心者の皆様の一助になれば、この上ない喜びである。

登場人物

故・父（79歳）

「ボケまくっても百まで生きる！」と宣言していたが、病に倒れ男性の平均寿命ピッタリで逝ってしまう。

母（76歳）

「孫命」「子ども命」で生きるこの本の主人公。専業主婦歴50年超を数える。

お姑（トメ）（73歳）

地方在住。とっくの昔に未亡人。口癖は「健康ならばそれでええで〜」。息子の家庭には不干渉を貫いてくれている。

姉（51歳）

この一家の長子。15年ほど前に自分の家の近くに両親が引っ越してきてから、あら大変。神奈川在住。

兄（48歳）

何かにつけて、口を出すが手は出さない。長男風を吹かせるも結局、何もやらない。口癖は「お母さんを頼むね」。都内在住。

りんこ（46歳）

湘南の漁村在住。ダンナと息子と娘と犬の4人と1匹家族。ド田舎の農家・本家・長男の嫁ながら結婚時よりお姑(トメ)とは別居。実家とは車で1時間半の距離。親の介護など眼中になかったため、当然、介護初心者である。

ダンナ（48歳）

介護については口を出さない代わりに、手も出さない。一見理解がありそうに見えるがまったくの無関心。

＊年齢は母の介護問題が表面化した当時のものです

増補改訂版 親の介護は知らなきゃバカ見ることだらけ もくじ

6章 「終の棲家」巡りの旅編

知らなきゃバカ見る！ 介護にまつわる基礎知識

りんこ流バカを見ないための㊙裏ワザ

りんこの4コマ劇場

1章

介護申請手続き編

何も知らない私は介護偏差値30！

えっ!?

介護って
3歳児健診みたいに、
時期が来れば
勝手に市町村から
サービスのお知らせが
届くんじゃないの？

01

父が死んだと同時に母の異変が始まった

その頃からだ。私たち姉妹が母の異変にようやく気付いたのは。

父が死んだ。享年79歳。

余命3ヶ月ピッタリで死んでいった。

私の両親は昭和一桁生まれの日本人としては珍しい激情型で、夫婦仲が良いときはメチャラブリー感満載なのに、一度スイッチが入ると互いにヒートアップして手が付けられないような状態になる。余命三ヶ月宣告をされる前日は「今度こそ離婚！」と言ってお互いが大騒ぎをしていたのだ。

慣れもあって実子たちは「79歳と76歳の爺婆(じじばば)が今さら何言ってんだか……」と思いながらも、めんどくさい一心で「はいはい、お好きなように」と答えていたと記憶する。そして、その翌日、まさかの「桜どころか、年も越せませんせん」とのドクター宣告を受けたのだ。

肺がんではあった。手術もした。でも、成功したし、こんなに元気なのに⁉　と信じられない思いだったが、本人に言わないのもかわいそうだということで、そのまま自宅のベッドに寝ている父にさわやかに伝えた。

「なんか、桜は難しいらしいよ……」

伝えたのは姉だ。私は怖かったので、3メートルくらい後方に避難していた。これが世に言う「末っ子根性」(=責任回避)かもしれない。

父には感じるものがあったのだろうか、冷静だった。

そのときに「病院で死にたいか？　自宅で死にたいか？」の二択を姉が迫ったのだ。

父が選んだのは「自宅」であった。

住居は両親ふたり暮らし。近居に私の姉がいる。

つまり、父の介護のキーパーソンは母で、姉が細かなことをフォローしていくという体制が組まれた。

末期肺がんの人がどういう経緯で亡くなっていくのかの知識もなく、それこそ長く生きている母ですら人の死に目にあったこともなく(母の父は脳卒中で即死、母の母は存命。父方祖父母は老衰だったが、我が家は介護はしていなかった)、母と私にとっては初めての人の死が父になったのである(姉は姑の自宅介護経験あり)。

昨日まで「離婚だ！」と騒いでいた母であったが、50年以上の年月を重ねてきたツガイの片割れとしては心痛むものがあったのだろう。前日の騒ぎはなかったかのように、亡くなる瞬間まで、甲斐甲斐しく父の世話をしていた(ということにしておこう。事実は父が亡くなる少し前に、その暮らしに耐え切れず逃亡したクソ婆だ。1週間もの逃亡劇に付き合わされた私はいい迷惑だった）。

そして、父が亡くなる前々日だ。

父は最期の最期まで自力でトイレに行っていたが、やはりそこは介助がなければどうにもならないので、いつも母か姉が支えて連れていっていたのだ。

そのとき、力のなくなった父は全身で母に寄りかかったのだと思う。末期がんでやせ衰えていたとしても、大男だったので、小柄な母では支えきれなかったのだろう。

診断名『ぎっくり腰』。そして父は死んでいった。

おかげで母は、**父の葬儀にコルセットをして車椅子**という姿での参加となった。

しかし、私たち姉妹はそのとき始まっていた母の異変を何ら感じてはいなかったのだ。というか、3ヶ月の看病で姉はボロボロ、実家まで片道1時間半の私もボロボロ……。正直、これ以上、父の寿命が延びたらこっちの体が持たない。浪人生を抱えていた私はこころここにあらず状態で精神的にはギリギリだった。

「自宅で死ぬのは本人はいいけど、周りはたまらん！」という結論を姉妹揃って出したほどだ（国は自宅で死ね！　という方針を出しているらしいが、マジで子どもが先に逝きそうだ）。

それが証拠に父の介護にまったく関わらなかった兄（あ、申し遅れたが私には兄もいる）は葬儀で号泣したが、姉妹からはただの一滴の涙も出なかった。介護で疲れ果てたのだ。**疲れは**

涙を上回ることを発見した。

疲労困憊の中、葬儀が終わっても「痛い、痛い」を連発する母をやむなく、再び整形外科に運んだら、ぎっくり腰診断を下したはずの医者はこう抜かしやがった。

「あ！　折れてますね、ここ。腰椎圧迫骨折です。骨が潰れてます」

「早く気付けよ！」と医者に（こころの中で）毒づいたのは言うまでもない。

そんなこんなで母はひとり暮らしになった。

その頃からだ。私たち姉妹が母の異変にようやく気付いたのは。

母が頻繁に転ぶのだ。

飼い犬（小型犬）に引っ張られて、転倒↓骨折。

何の段差もないのにけつまずき、転倒↓骨折。

ろっ骨などはいつも骨が折れている状態で入院するほどではないが、痛みで横になっていることが増えていった。

「せっかくの（自由な）未亡人生活なのに残念ね～」という私の言葉に、母は「あの人は（私を）死ぬまで苦労させておいて（死んだ後も骨折という）置き土産を残していくんだから、とんでもない人だったわ！」と父の悪口を延々言い続けるのだった。

なんというか、人は死んでもリセットにはならず、苦みきった思いをこね回して、新たなる憎悪を作れるんだなぁとある意味、感心している。

02 待っていては一生来ない介護サービス

えっ？　ケアマネ？　そういう人が家に来てくれるんですか？　待ってたら来てくれるんですか？

父と離れてのひとり暮らしを望んでいた母は、こうして晴れてひとりきりの未亡人生活に突入したわけだが、転倒と骨折のせいでイマイチ楽しめない。ベッドで寝ていることも多くなっていた。

姉が同居を持ちかけるが、その姉も働いているので昼間は留守だ。どっちにしろ誰もいない家には変わりなく「どうせ留守番になるなら自分の家のほうが気楽だわ」と断り続ける母だった。

姉妹は考える。このヨタヨタ歩きでは洗濯物1枚干すにも大変だ。料理のときに火でも出したら最悪だ。でも、どうすればいいのだろう？

朝、晩の食事は姉が自分の家から運ぶことにしてくれて強制的に解決。洗濯物も姉に任せる（つまり私は姉におんぶに抱っこ）。

しかし現実には姉妹の取り決めは完全に無視され、この頃、母はいつもどおりに自分でやろうとして、熱いみそ汁を持っては転倒火傷(やけど)、洗濯物を干そうとしてはふらついてカーテンを引きちぎるという結果を招き、姉妹の怒りを買っていく。

「だから、やるなって言ってるでしょ？(怒)」

母が動くと、どうしようもなく病院通いが増えるので姉妹の不平不満がたまっていく。「余計な手間暇、かけさせやがって！」とこころはプンプンである。

わかるのだ、好きで転んでいるわけではないことくらいはわかるのだ。でも実の母が、あのしっかりしている母がなぜ、こんなに歩くことすらままならない？

あんまり転ぶし、あんまりろっ骨ばかり折るので、あるとき整形外科の医者に聞いてみた。

「先生、なんで母はこんなに転ぶんでしょう？」

ドクターは言った。はっきりと言った。

「それはですね、加齢です！」

母も年を取るのは初めてなので、そう言い切られると「そうか、これが加齢というものか」と妙に納得し、私は私でこれがいつかは大腿骨(だいたいこつ)骨折となって「寝たきり」になるんだとの恐怖を感じていた。

診断名『骨折を伴う骨粗しょう症　および　変形性膝(しつ)関節症』。

しかしなぁ、これではトイレに行くのもひとりでは心配だよなぁ……と悩み出す。実際、廊下で転んで起き上がれなかった事件もあったのだ。

手すりがあれば少しはマシかも。でも、（値段が）高いだろうなぁ……。

費用だけでも調べるかと、適当に選んだ工務店に問い合わせる。工務店のおっさんは言った。

とっても慣れているふうにこう言った。

「ああ、住宅改修だね？　介護保険を使うヤツでしょ？」

介護保険？　なんですか、それ？

「介護保険を使うと20万円までは国の補助があるんだよ。お客さんはその1割を負担するって形」(*1)

おお！　そんな便利なものがあるんですね？　じゃあ、その20万円のをお願いします！（20万円くれるなら満額もらったほうがお得じゃね～!?喜）

工務店のおっさんはこう言った。

「いや、我々がやれるのは見積もりを出したり、工事をすることだけで、申請はお客さんがしないといけないんだよ。**ケアマネ**(*2)に言ってね。申請が受理されたら給付決定通知書が届くだろうから、そしたら工事に入るって寸法だね」

え？　ケアマネ？　そういう人が家に来てくれるんですか？　待ってたら、来てくれるんですか？

おっさん、あまりの無知さにあきれたのかもしれない。

今度は笑いながらこう言った。

「お客さん、介護サービスはあっちからは来ないんだよ。自分から言わないと。**待っていたら、一生来ないシステム**だね！」

なんでも、介護保険制度というのがこの国にはあって、40歳以上の人が強制加入で高齢者の暮らしを支える制度なんだそうだ。加入者つまり被保険者は、年齢によって**65歳以上の第1号被保険者と40歳から64歳までの第2号被保険者**に分けられるそう。

第1号被保険者は介護や支援が必要と「認定」された場合にサービスを利用することができ、**第2号被保険者**は国が定めた16種類の特定疾病により介護や支援が必要と「認定」された場合にサービスを利用することができるというものらしい。

住宅改修はその中に含まれるサービスらしく**「介護（予防）住宅改修費の支給」**と呼ばれるものなんだそうだ。つまり、どこかの機関で「認定」をされないといけないものらしい。

なんだ、簡単に20万円が手に入るわけじゃないのか。申請？受理？　なんかめんどくさそうだな。でも、20万円の手すりがただ（1割は実費）なら、やらなくちゃ！

(*1) **1割負担について**

いったん利用者が改修費全額を支払い、領収書などの書類を揃えて役所に申請する。すると後日、9割が戻ってくるというシステム。対象となる費用上限は20万円である。住宅改修は原則1回のみの申請であるが、引っ越し、要介護度がすごく上がったときには再びお上のお慈悲を受けることも場合によっては可能。
上限20万円の分割でもＯＫのケースもあるが、ここのところは各自治体に確認が必要。2021年7月現在では、所得により2～3割負担もあり。

(*2) **ケアマネ**

ケアマネージャーの略。「要介護」または「要支援」と認定された介護保険利用者（およびその家族）からの相談に応じたり、利用者が最適な介護サービスを受けられるように市町村、介護サービス事業者、施設などとの連絡調整を行ったりする専門職。介護支援専門員ともいわれる。

欲の皮が突っ張った。

工務店のおっさんに教えてもらったとおり、市役所の老人係（市によっても名称は違うだろうが母の住んでいる市は「高齢福祉介護課」という部署が担当だった）に電話する。

「すみません！　20万円の補助が欲しいのですが、いただけますか？」

これが最初の難解なる「介護保険」とそれにまつわるエトセトラの始まりであった。

介護エピソード①

「よくある杖の風景…おばあちゃんはJK（女子高生）」

＼知らなきゃバカ見る！／

介護にまつわる基礎知識①

介護保険制度について

介護保険制度は2000年4月からスタートしました。40歳以上の方は、介護保険料を毎月支払うこととなっており、この保険料は、介護保険サービスを運営していくための必要な財源になります。介護保険のサービスを利用できる人は以下のとおりです。

65歳以上の人（第1号被保険者）

寝たきりや認知症などにより、介護を必要とする状態（要介護状態）になったり、家事や身じたく等、日常生活に支援が必要な状態（要支援状態）になった場合。

40歳～64歳の人（第2号被保険者）

初老期の認知症、脳血管疾患など老化が原因とされる病気（※特定疾病）により、要介護状態や要支援状態になった場合。

※特定疾病は次の16種類です。

筋萎縮性側索硬化症（ALS）	脳血管疾患	後縦靭帯骨化症	進行性核上性麻痺・大脳皮質基底核変性症およびパーキンソン病
骨折を伴う骨粗しょう症	閉塞性動脈硬化症	多系統萎縮症	関節リウマチ
初老期における認知症	慢性閉塞性肺疾患	脊髄小脳変性症	脊柱管狭窄症
糖尿病性神経障害・糖尿病性腎症および糖尿病性網膜症	両側の膝関節または股関節に著しい変形を伴う変形性関節症	早老症	がん（末期がん）

参考：厚生労働省ホームページ

03 介護保険を申請する

介護とは本人か家族が最寄りの役所（または包括・居宅）に申請に行かなきゃ何も始まらないシステム。

「老人サービスは自動的には受けられない」。このことを知った私は市役所へ電話した。

それまで私は国やら地方自治体のほうから「お宅のお子さん、３歳児健診ですよ」って具合に「そろそろこれがお困りでしょうから、こんなサービスを受けませんか？」なんていうお知らせが個別に届くのだと思い込んでいたのだ。70代でボケてもいないない母にはまだお知らせは来ないのだと勝手に解釈していた。

しかし、お知らせが来ないのは考えてみたら当然である。市役所はどこに婆さんが住んでいるかくらいは把握しているかもしれないが、その婆さんがどんな状態で暮らしているのかなんて、聞かされなければ誰も知らん話だ。ど～りで何の助けも来なかったはずだ。

でも、40歳になったら自動的に国民全員から介護保険料を徴収するくせに、「いざ利用！」となると沈黙するっておかしくないか？

市役所の人はこう言った。

「それでは介護や支援の必要のあるなしを判断するために**介護認定を受けていただきます。**認定の申請は、ご自身やご家族の方でもできますよ。申請作業がよくわからない場合は、**ホーカツ、キョタク介護支援事業所**などでも代行してもらえます。どうされますか？」

言われている日本語の意味が理解できない……。

しかし、今ならわかるので説明しよう。

ホーカツは「地域包括支援センター」の略である。わかるか、そんな略！　とまず怒りに震えるが、介護業界では常識中の常識ワードであるらしい。地域ごとに担当センターが決まっており、何の伝手(つて)もない場合は、まずはそこに常駐している包括職員（包括にはケアマネと保健師と社会福祉士がいる。手続きは包括職員ならば誰でもよい）に助けを請いに行くのが手っ取り早い。

キョタク介護のキョタクは居宅である。包括とは別に町には「居宅介護支援事業所」というものがあり、そこにもケアマネが常駐している。どの事業所を選ぼうが自由だが「はじめまして」の素人(しろうと)にはどこを選べばいいのかの判断が難しい。

とにかく、介護とは本人か家族が最寄りの役所（または包括・居宅）に申請に行かなきゃ何も始まらないシステムなのだ。

しかし、そのときの私は市役所の人から何を言われているのかすらも理解不能状態。たぶん、

！ 2016年1月よりマイナンバーが確認できるもの（写しでも可）が必要。現在はホームページから申請書をダウンロードできる自治体も多い。

あきれながら市役所の人は最後にこう言った。**「（申請作業に自信がないなら）とにかく地域包括支援センターに行け」**と。そこで私は早速、実行に移した（市役所に直接行っても全然ＯＫ。念のため窓口に電話して、代理である旨と必要な書類を確認するとベスト）。

申請書（見本は左ページ参照。用紙は市役所窓口や包括に置いてある）、医療機関名・主治医のお名前・電話番号等が書いてあるもの、65歳になったときに送られてきた『**介護保険の被保険者証**』を持っていく。

介護保険の保険証は要介護認定の申請にも必要だが、認定結果が記載され、これをもとにサービス計画が練られるものでもある。実際にサービスを受けるときには介護サービス事業者に提出しなければならないので、**65歳の誕生日月に来るこれは、いつか利用するときのために大切に保管しておかなければならない**。

同じに見えるので、いつもこんがらがるのであるが、医者に持っていく『**医療保険の被保険者証**』とは別のものであるのがポイントだ。医療保険の保険証は病気やケガのときに医療機関の窓口に提出するもの（母の場合は後期高齢者医療被保険者証がこれに当たる）。

介護保険の保険証は介護サービスを受けるときにサービス提供機関に提出するものなのだが、原則として事前申請、認定を受けた上で介護サービスを受けるしくみなので、それを出したからと言ってホイホイ何かをしてくれるわけではない。ここにも注意が必要になる。

この他にも『**介護保険負担限度額認定証**』という介護保険施設およびショートステイを使

意外と
簡単ね！

「介護保険 要介護認定・要支援認定等申請書」サンプル

第５号様式
1．証添付
2．証未添付

介護保険　要介護認定・要支援認定等申請書

[新規 ・ 更新 ・ 変更] [ ]内のいずれかに○を付けてください。

墨田区長 あて　（「要支援」の方が「要介護」への変更を希望する場合は、[新規]に○を付けてください。）
次のとおり申請します。

			申請年月日	令和　年　月　日
被保険者	被保険者番号		個人番号	
	フリガナ		生年月日	明・大・昭　年　月　日
	氏名		年齢	歳　性別　男・女
	住所	〒　電話番号		
	前回の要介護認定の結果等	要介護　1　2　3　4　5	要支援　1　2	非該当
		有効期間　平成・令和　年　月　日から平成・令和　年　月　日まで		
	介護保険サービスの利用	有・無	総合事業の利用　有・無	同居者　有・無
	理由	※「新規申請」若しくは「変更申請」の場合又は「更新申請」で介護保険サービスの利用が「無」の場合は、記入してください。		
	調査場所	「２．入院・入所中」又は「３．その他」に該当する方は記入してください。		
	下記に○をしてください。 1.上記住所と同じ 2.入院・入所中 3.その他	〔名称〕　（　病棟　号室）		
		〔所在地〕〒　〔電話番号〕		
		〔入院・入所日〕平成・令和　年　月　日	〔退院・退所(予定)日〕令和　年　月　日・未定	

提出代行者 (本人又は家族の申請の場合は、記入押印不要です。)	名称	該当に○（地域包括支援センター・指定居宅介護支援事業者・指定介護老人福祉施設・介護老人保健施設・指定介護療養型医療施設・介護医療院） ㊞　担当者：
	所在地	〒　電話番号

連絡先	フリガナ		本人との関係	日中の連絡先（自宅・携帯・勤務先・その他）	訪問調査時の立会い
	氏名			電話番号	可・不可

※訪問調査及び連絡時の注意事項等（　　）

認定等結果通知送付先	認定等結果通知の被保険者の住所以外への送付を希望する場合は、記入してください。（本人又は家族以外の者への送付はできません。）			
宛先	氏名		本人との関係	
	住所	〒	日中の連絡先（自宅・携帯・勤務先・その他） 電話番号	
	送付先変更理由	1．本人独居で受取困難なため 3．その他(　　)	2．入院・施設入所中のため	

主治医	医療機関名		前回受診年月	令和　年　月
	主治医の氏名		診療科	
	所在地	〒	電話番号	

第二号被保険者（４０歳以上６５歳未満の医療保険加入者）のみ記入してください。　**※医療保険証のコピーを添付してください。**

医療保険者名		医療保険被保険者証	記号	番号	
特定疾病名					

介護サービス計画の作成等介護保険事業の適切な運営のために必要があるときは、要介護認定・要支援認定に係る調査内容、墨田区介護認定審査会による判定結果・意見及び主治医意見書を、墨田区から地域包括支援センター、居宅介護支援事業者、居宅サービス事業者若しくは介護保険施設の関係者又は主治医意見書を記載した医師に提供することに同意します。
被保険者からの依頼に基づき、本申請書の記述及び情報提供に係る同意の署名を代筆します。

被保険者本人氏名		代筆者氏名		本人との関係	

参考：墨田区公式ホームページ

用する際、居住費（または滞在費）と食費の負担軽減を受けるために「申請⇩認定」されるものもある。施設利用の際にはこの提示を求められる。

間違えないように母の介護保険の保険証を持って、鼻息荒く「包括」とやらに出向いた私だったが、申請書類への記入は簡単すぎて拍子(ひょうし)抜けした。

そして要介護認定の申請を行えば、自動的に市町村から派遣されてくる調査員さんが母の自宅を訪問してくれ、今現在の様子を聞き取りながら調査してくれるのである（これは無料）。

この調査票と主治医の意見書を『介護認定審査会』というところで総合的に判断して、

・「まだ元気」 ↓**非該当**(*)（支援は必要なし）

・「少しの支援は必要」 ↓**要支援1か2**（2のほうが症状は重い）

・「これはかなりの支援が必要」 ↓**要介護1〜5**（5のほうが症状は深刻）

に分けられて、要介護度が判定されるのである（左ページの「要支援度・要介護度の目安」参照）。

母には内緒で勝手に申請を出してしまった。さあ、帰って母に「これこれこういうものがあって」調査員さんが来るので「これこれこういうことはしないように」と根気よく説得するお時間がやってきた。

(*) **りんこのプチ情報** 「非該当」と認定されても、市町村が行っている介護予防・日常生活支援総合事業などにより、生活支援サービスなどが利用できる場合もあるよ。

＼知らなきゃバカ見る！／

介護にまつわる基礎知識②

要介護・要支援認定の申請について

介護サービスを利用するにはまず、要介護・要支援認定の申請をし、要介護度の認定を受ける必要があります。

〈申請〉

- 本人または家族が市区町村の担当窓口で申請を行う。
- 申請は、地域によっては「地域包括支援センター」「居宅介護支援事業所」「介護保険施設」などでも代行してもらうことができる。
- 申請の際には「介護保険被保険者証」が必要となる。
- 40～64歳の人（第２号被保険者）が申請を行う場合には「医療保険証」が必要となる。

要支援度・要介護度の目安

要介護度は大きく「要支援」と「要介護」の２種類に分かれますが、おおよその目安は以下のとおりです。

程度	区分		心身の状態の例
軽度	要支援	要支援 1	排泄や食事はほとんど自分ひとりでできるが、要介護状態とならないように身の回りの世話の一部に何らかの介助（見守りや手助け）を必要とし、適切にサービスを利用すれば改善の見込みの高い方。
軽度	要支援	要支援 2	排泄や食事はほとんど自分ひとりでできるが、身の回りの世話に何らかの介助（見守りや手助け）を必要とし、適切にサービスを利用すれば改善の見込みの高い方。
軽度	要介護	要介護 1	排泄や食事はほとんど自分ひとりでできるが、身の回りの世話に何らかの介助（見守りや手助け）を必要とする。
中度	要介護	要介護 2	排泄や食事に何らかの介助（見守りや手助け）を必要とすることがあり、身の回りの世話の全般に何らかの介助を必要とする。 歩行や移動の動作に何らかの支えを必要とする。
中度	要介護	要介護 3	身の回りの世話や排泄が自分ひとりでできない。移動等の動作や立位保持が自分でできないことがある。 いくつかの問題行動や理解の低下が見られることがある。
重度	要介護	要介護 4	身の回りの世話や排泄がほとんどできない。移動等の動作や立位保持が自分ひとりではできない。 多くの問題行動や全般的な理解の低下が見られることがある。
最重度	要介護	要介護 5	排泄や食事がほとんどできない。身の回りの世話や移動等の動作や立位保持がほとんどできない。 多くの問題行動や全般的な理解の低下が見られることがある。

参考：厚生労働省ホームページ／埼玉県朝霞市公式ホームページ

04 調査員さんがやってきた

さあ、母よ。自分がどんなに不自由しているのかをとうとうと訴えるがよい!

それからしばらくして、**市町村から派遣されてくるという認定のための「調査員さん」**という人が母の自宅に現れた。このオバちゃんのさじ加減ひとつで介護度の成績表が決定されかねないほどの最重要人物なのだ。

母にとっては誰なのかがイマイチわからない謎のお客さんではある。しかし、客人には違いないので自らもてなしをしようとする。

「ダメだ、ダメだ! 絶対、ダメだ! お母さんはケガ人。介護が必要なの! 普段から寝てばっかいるんだから、今日もいつもどおり寝ててちょうだい! わかった? 起き上がるんじゃないよ!」

と固く言い含めた。

なんたって、私は20万円の補助が欲しいザマス。これで手すりを四方八方に付けまくって、私たち姉妹が病院に付き添う回数を減らすザマス。いざ、自由のために戦うザマス!

物腰の柔らかな、優しそうな調査員さんが登場した。よっしゃ、イケそうだ！

これから**母への74項目にも亘る聞き取り調査**を行って、心身の状態や暮らしぶり、どんな介護の手間が必要かを確認する作業を行うのだ。

さあ、母よ。自分がどんなに不自由しているのかをとうとうと訴えるがよい！

「じゃあ、始めますね〜。お母さま、お膝は伸ばすことができますかね？　あら、お上手。痛くはないですか？　痺れもないですね？」

はい――!?

ちょっと触っても、痛い痛い言ってんのはどこのどいつじゃ！

「歩行についてお伺いしますね。何かにつかまらないと歩きにくいですかね？」

「いえ、自分で歩けますよ！」（威張り〜）

いやいやいやいや！　そこは「ひとりでは危ないです」が正解でしょう？

調査員さんの後方に陣取って、母に目配せするが、わざとシカトかい!?

「お母さま、それでは片足だけでお立ちになることができますか？」

いやいやいやいや！　無理ですから〜〜!!　それは危険ですから〜〜!!

「ホラね、できますでしょ？」

それって満面の笑みで自慢して言うこっちゃないっつーの！

「上着とかおズボンとかはどうされているんですか？　ご自分でお着替えはなさるんですか

ね？」

「そうですよ。誰の手伝いも要りません！」（きっぱり）

質問に対する回答は主に3種類になっており「（1）ない・（2）ときどきある・（3）ある」か「（1）介助されていない・（2）一部介助・（3）全介助」という具合に分かれている。これを後でコンピューターが数値化していくのだ。

とにかく一部介助は事実なんだから、そのとおりに言えよ！　なぜ、張り切る？

このままではまずい。〝健康体〟とコンピューターさんに判断されてしまう。20万が自腹になっちゃうじゃん⁉

「爪切りはご自分で？」

母と私が同時に声をあげた。

「できます！」（母）

「できません！」（私）

調査員さんにとってはどっちやねん⁉　である。くそー、やってもらっているくせになんなんだ⁉

この訪問調査はできることよりも「できないことを把握」してもらい、介護にどんな手間がどのくらいの頻度でかかっていて、どんな公的な手助けが必要かを訴えて、支援してもらうためのものである。なのに、**今、窮状を訴えなくてどーすんねん！**　お願いだから、お婆さんは黙ってて祈りたくなる。

まあ、相手はプロであるから、嘘をついて介護度を上げようと思ってもそうはいかない。ケアマネをやっている友人に聞くと**嘘は直感でわかる**そうだ。

「最初に腕を持ち上げたときに『痛い、痛い』を連発したお爺さんがいたけど、だいぶ経ってから何気なく腕を持ち上げたら全然平気だったのよ。矛盾が出てくるから、大抵の嘘は見抜くの」ときたもんだ。

「ただしね、りんこ。張り切られると『大丈夫なのかな？　できるのね？』って思ってしまいがちになるから、やっぱり**ありのままを見せることが重要よね**」

あ～？　オーマイガー！　この婆さん、ウルトラ張り切ってらっしゃる!!　諭吉(ゆきち)が羽を広げて逃げていくー。

もう残るは友人がアドバイスしてくれた**「親の前で言いにくいことは、親のいないところで場所を変えて伝えるように」**ということだけだ。うまく母をまかなければならない。

調査員さんはこう言った。

「お嬢さん、心理的なことは後から聞きますね」

おお――!!　私からも話を聞いてくれるとな？　あな、嬉し！

しかし、初回だけあって、私はまったくうまくは伝えられなかったのだ。

05 介護認定は上手に盛れ！

何が何でも認定が欲しい娘としては、こう「できる」を連発されちゃ「特記事項」に期待をかけるしかなくなった。

この頃は母には、後年でてきた認知症の症状はなく、転びやすい以外は絶好調であった。調査員さんにも「できる！　できる！」を連発する。まあ、わからんでもない。誰しも健康診断の結果も学校の通信簿も良いに越したことはないのである。

しかし、何が何でも認定が欲しい娘としては、こう「できる」を連発されちゃ「特記事項」に期待をかけるしかなくなった。

「特記事項」というのは調査員さんが家族から聞き取る「お婆さんへの手間暇」である。

コンピューターでの判定はあくまでデータであって大まかすぎるので、個人の実態を完全に把握するのにはいまひとつ信用度に欠けると言うのか、実態にそぐわないケースが出るものなのだろう。数字では評価できないことを詳しく説明するための欄なのだ。

「このお婆さんは元気そうに見えるが、実は『お金がなくなった！　孫が盗った！』と週に3

回は騒ぐので『いい加減にしろ！　ここにあるだろーが!!』と落ち着かせるのに毎回小1時間はかかる。家族はそれに振り回されて、険悪な雰囲気に陥っている」（友人実話）というような感じで、**頻度を示しつつの、具体的、数字が入った聞き取り調査が物を言うらしい**ということは後で知った情報だ。

そのときは初体験だったので、何でもいいから、窮状を訴えようとしたのだ。調査員さんを車まで送っていく振りをして、玄関の外に出た。ここなら、お婆さんは追ってはこられまい。

「もう、転んで転んで危なくて、とにかく大変なんです！」と言ってみた。

後でケアマネ友人に聞いたら「どういうときにどういう頻度で転んで週に何回はこうなって、結果、どうなるから、こうしてほしい」というように言わないといけないらしく**「とにかく大変！」というフレーズは調査員さんのこころには響かない**のだそうだ。

つまり「介護がメチャクチャ大変！」という漠然とした言い方で病気やケガの重さを伝えても、そんなに効果はないということ。**具体的に本人と家族が困っている介護の手間を、回数も含めて**伝えたほうが、はるかに行政からの支援を受けやすくなるらしいのだ。

例えば、「寝たきり老人を抱えていて、毎日7回は体の向きを変えている。それがひとりではとても大変で、どうにか手助けをいただきたい」と伝えると、行政のほうでも人的協力なのか、物的協力なのかを考える余地が生まれるからということらしい。

なのに、そのときの私は「とにかく！」しか言ってない……。大失敗だ。

「お母さまの認知のほうはいかがです？」と調査員さん。

この「認知」という単語にも違和感がある。物事を「認知」していれば正常機能であるはずなのに「認知症」のそれは「認知できない」という症状を指すのである。まあ、言葉というのは難しい。調査員さんに窮状を理解してもらうのも難しい。

ちょうど、仕事から帰ってきた姉が援護射撃をしてくれた。

「そう言えば、こういうことがあったんです。夜中の1時に電話で叩き起こされて、何かと思えば母が『大昔、祖父（母の父）が使っていたマントが家にあるはずだ。これを寒い国に出張に行くという息子に送らなくてはならない。探したけれどもどこにもない！　どこにやった？』と言うんです。とりあえず、落ち着かせようと思って、実家に行って、一緒に探したんですが出てこずで、私と母は夜中の3時に大喧嘩でした」

ええ――!!　正気か、婆さん!?　と思うだろうが、この母にとっては全然、普通の行為である。別にボケちゃいない。なぜなら**「長男大好き教」の信者**だからだ。信仰を貫くためには娘の迷惑など知ったこっちゃないのである、昔から。

姉はなおもこう語る。

「こんなこともありました。先日、柚子(ゆず)が親戚から段ボールで届いたのですが、母が抜き取られたと騒ぐんです。個数が少ないって言い張って、運送会社の人が間引きしたに違いないって……」

この話は私が小さい頃からよく聞いている。なんでもJRが国鉄時代にはみかん箱からみかんをくすねる不届き者がいたらしく（真偽のほどはわからない）、段ボールに穴が開いて、数が減ることがあるから気を付けなければならない、というような話である。

大昔の話で実体験なのか、他の人から聞いた話を信じ込んでいるのかすら、興味がなくて聞いちゃいないが、とにかくこの話はお好きらしく、母が若い頃からよくしている話なのだ。

もし、これが認知症の症状ならば母は大昔から認知症だが、私に言わせれば、こういう思い込みが激しい女なだけだ。

調査員さんは裏事情は知らないので「初歩の認知症」と思ったに違いない。

調査員さんには嘘はどうせ見破られるので、ついても無駄なのであるが、**実際に起こっている事実を上手に膨らませることは「あり」**だと思う。

まあ、こちらとしても半年、あるいは1年ごとに認定のために調査員さんが来てくださるので、何を伝えればいいのかは回を重ねるごとに段々とコツがつかめてきた。

肝心な母は相変わらず調査員さんが来るたびに張り切るが、調査員さんはさすがのプロフェッショナル、おおむね妥当な認定結果が出ていると感じている。

さあ、お次はドクターの腕の見せどころ⁉『主治医意見書』の登場である。

2021年7月現在は、初回は一般的には12ヶ月、更新時は24ヶ月〜36ヶ月の認定になっている（自治体によって差異あり）。

06 苦しいときの医者頼み

なにせ、お医者さまという権威の象徴が「こうであるぞよ」とお申し付けなのだ。

「要介護」または「要支援」という国の手助けを求めるための「要介護認定」をもらうには、調査員さんによる「認定調査」というものと主治医による「意見書」というものが必要になる。

地域包括支援センターあるいは市町村の窓口に「主治医はこの人でございい」と伝えると、主治医のところに「意見書を書いてください」というお願いが役所から自動的に行くのだ。

「認定調査」における**「コンピューター判定」**と調査員さんの**「特記事項」**、そして**「主治医意見書」**。この3つが市町村の『介護認定審査会』というところで総合的に判断され、最終的に「まだまだ元気! 自立だから、頑張れや!」とか「アンタは要支援1ね」とか「残念ながら寝たきりにより要介護5です」というような「お沙汰(さた)」が下るシステム。その結果が出るには1ヶ月くらいはかかるらしい。

ちなみにこの『介護認定審査会』というものは、市町村のその道の専門家5人程度で構成されていると聞いた。その会議上でこの3つの報告書が誰のものかわからない形にして判断されるんだそうだ。「この人、知ってるから、お手盛りしちゃお♪」ってことがないようにしているんだなー。

さあ、私の夢の20万円（手すり費用）まで、もう一息なのだ！

そして「主治医意見書」というもの、これも重要である。なにせ、お医者さまという権威の象徴が「こうであるぞよ」とお申し付けなのだ。もうこれは「絶対」なのである。

母は内科、整形外科、泌尿器科、眼科と医者三昧（ざんまい）で忙しいんだが、**このかかりつけ医の誰に書いてもらうかが運命の分かれ道になる**。

もちろん、より重く判定してもらえない限り、多くのサービスは受けられない（判定が重いほうがより手厚いサービスを受けられるが、当然、介護保険の負担額は増える）。

とりあえず、狙っている「要支援」は確実にゲットしたい。

普通は圧倒的に内科のお医者さまが意見書をお書きになることが多いのだろうが、母は内科的には何の問題もない。つまり、高血圧やら、高脂血症やら、高コレステロールやらは普通にあるものの、数値的に見たら、なんとビックリ、娘である私のほうが病気っぽい。これでは年寄り相応の生活習慣病で「ハイ、サヨナラ」決定である。

泌尿器科も年相応の尿漏れだ。年を取ると膀胱も伸びちゃうんだよなぁ（私もひと事ではない！）。

では、片目しか見えていない眼科にするにも、片目は私以上に見えているのだから（車窓から見て読み上げる看板の文字の小さいこと！　私には見えません！）、こりゃダメだな。

残るはやはり、今一番、困っている「歩行問題」だな。

仕方がない。（あの診断を間違えた、しかも骨折は「加齢」だと言い張る）整形外科の先生に頼るしかない。

先生に言う。

「頼も〜う！（意見書とやらが後で郵送されてくると思うから、よしなによろぴく♪）」

賛否両論あるとは思うし、総合病院などでは絶対にできない小技だが、母は昔の人なので、お医者さまを無条件に尊敬していて、そのことが多分に影響して、盆暮れのご挨拶を欠かさない女である（しかし、母は指示する係なので、現実的に百貨店の包み紙にくるまれたブツを入手するのは娘の役割なのである。つまり母はにこやかに「おーほほほほ、つまらないものですがぁ……」と言って渡すだけ）。

この医院にもドクター用とナース用に分けて、盆暮れのご挨拶を行っていた。もちろん、今回も余計な手間暇をおかけするという理由で、いつものブツを持っていく。

先生は診療中に市販の胃薬を飲むことが多く、そんな人に菓子なんて喜ばれるのかな？　と思ったりするが、先生はいつも「あ、どもども」とおっしゃり、普通に受け取るのだ。

そんなん何年やろうが、診察の順番が早まるわけでもなし、診療がより丁寧になるわけでもないんだが、多分、母の安心材料になるんだろうな。「少なくとも悪いようにはなさらないだろう」といった感覚である。

ゆえにブツを運ぼうがどうしようが、あまり差はないと思うが、ただ、これだけは言える。

かかりつけ医は絶対に必要なのだ。

できれば、親の家の近くで、急変にも対応してくれるようなかかりつけのお医者さんがいるのといないのとでは、我々、子どもたちの安心度が違う。

親の病状をきちんと把握し、的確に診断してくれ、おまけに意見書も書いてくださるならばこの上ない喜びである。で、先生に言った。私は言った。

「意見書、書いてくださいますよね？」

先生は言った。

「何、それ？」

え——!! 知らんのかーい!?!?

これだけ、爺婆を相手にしている医者のくせして、ただの一度も書いたことないってか!?

オーマイガー！ 20万円（手すり代）が飛んでいく!!

「う〜ん、書いたことないから、どう書けばいいかわかんないよ。認定っていうの？ 取れるかわかんないよ。まっ、やってみるけど……」

という非常にこころもとないお言葉をいただき、不安でいっぱいだった。

「私、医者、間違えたんじゃね〜？？」

07 ケアマネが決まった！

ついにここまで来たが、メチャ長かったような気がする。

申請からほぼひと月が過ぎた頃、役所より**「要支援2が出ました」**とのお知らせが郵送で来た（認定結果に納得がいかない場合は、都道府県に対する「不服申し立て」か市町村へ「区分変更申請」をすることが可能だ）。

やはり、ドクターの意見書の最後の項目欄「特記すべき事項」に**「ドクター自身で一筆入れてくれ」と懇願したことが功を奏したらしく**、要支援の中では重いほうの「要支援2」が出た㊗。

このドクター一筆は大変重要で、行政から、より手厚いサービスを期待するときには最大の援軍になる。これを発見した私たち姉妹は以降、この手を使い、いろんなドクターに媚（こび）を売る（＝窮状を訴える）ことを忘れなかった。

後で、意見書を書いてくださった整形外科の先生に「なんて書いたのぉ〜？」って聞いてみたら、ドクターはこう言っていた。

「『自力で歩くのは難しい。歩行には常に介助が必要。骨折を繰り返す』って書いてみたよ」

先生、グッドジョブ！　多分、完璧。

このときより現在に至るまで、母は『介護認定審査会』のお世話になっているが、この認定が有効な期間は新規だと原則6ヶ月である。❗ この半年が終わる前までに、再び、更新手続き（市からご連絡は来る）をしなければ、せっかく苦労して取った認定が泡となって消えるんであるが、これがまったく同じ作業の繰り返しになる。

つまり私は調査員さんの後ろに陣取って、母に「張り切んじゃねーっ！」という形態模写を繰り返すことになるのだ。❗ 有効半年は初回だけなので、次からは12ヶ月後、つまり年1回、かかりつけ医に「一筆よろぴくね♪」と媚を売り、市から来る調査員さんのお顔を拝むことになるシステム。

もう**この「お沙汰＝判定」ありき**で、すべてがここから始まるので、決して軽く見てはいけないのである。

介護認定は「アンタは要支援1ね」っていう期間中であったとしても、老人の状態が悪化するのは非常にシバシバ起こることなので、いつでも要介護度の区分変更の申請をすることができる。要支援組であれば包括のケアマネ。要介護組であれば事業所（居宅介護支援事業所、通称居宅）のケアマネに言えば、一発ＯＫ。大変なのは慣れない初回だけで、後は担当ケアマネと伴走していくことになるので、ちょっとは気が楽になる。

さあ、今度は**「介護認定が下りたので、ケアマネ決めて、ケアプランを作成してください」**

❗ 2021年7月現在は、新規の介護認定は原則12ヶ月、更新後は24ヶ月～36ヶ月の認定有効期間となっている（自治体によって差異あり）。

とのお達しだ。

介護認定が出たからといって自動的にケアマネは来ない。ケアマネは自分で探すのである（ただし要支援の場合は最寄りの包括所属ケアマネが担当する）。

ケアプランというのは「介護（介護予防）サービス計画書」との意味で、困っているご本人さまの状態や生活ぶりから、どんなサービスが必要かをケアマネージャーという人が検討してくれるものらしい。なんと、無料（タダ）なのだ！　タダ（全額介護保険負担）と聞いちゃ、やってもらいましょうか！　と俄然、張り切る姉妹だ。

住んでいる地域に「地域包括支援センター」というものがあるので、そこにお願いして作成してもらうらしいというところまで情報をゲットした。あ、はいはい、知ってる。包括ね。申請出したときに行ったわ。

要支援の管轄は「包括」ということなので（ちなみに要介護の管轄は「居宅」）、原則は住んでいる地域で区分けされているから選べない。要は公立中学と同じで、包括もそれと同じくらいの割合で立っていることが多いのだそうだ。

おお！　**やっと、我が家にも「ケアマネ」という人が来てくれる**のかと歓喜する。なぜなら、工務店のおっさんが「担当ケアマネが決まらない限りは、何もかんもがどうにも動かねーよ」って言っていたからだ。

ついにここまで来たが、メチャ長かったような気がする泣。

担当ケアマネになってくださったのはナース出身のとっても可愛い人で、母も一目で気に入ってくれて一安心だった。

基本、包括では包括所属のケアマネがいて、その中から適当に選ばれるしくみのようだったが、ケアマネと反りが合わない場合は包括内での「ケアマネ、チェーンジ!」(つまり少ない人数の中での交代)になるので、まあ、これは運みたいなもんだよなとも思う。

その包括のケアマネが言うには、母の場合は、

・**週2回のホームヘルパーさんによる各30分のお掃除**
・**週2回のデイサービス**(デイサービス=通所介護のこと。要するに仲間たちと食事をしたり、お風呂に入れてもらったり、機能回復に良さそうな輪投げをしたり、風船バレーをしたり、絵手紙を書いたりというようなことをする老人専用幼稚園みたいな場所である)
・**介護予防福祉用具(歩行器や杖)のレンタル**

これらが組み込まれるとほぼ満額になるらしく、これでいかが? とのご提示を受ける。

この他にも看護師さんや介護士さんによる**訪問入浴介護**や、**デイケア**(デイケア=通所リハビリテーションのこと。デイサービスのサービスに加えて、個別リハビリが入るイメージ。理学療法士、作業療法士、言語療法士がいる場合が多い。あくまでリハビリがサービスの中心)を選択する人もいるそうだ。

当時、要支援2の利用限度額は1ヶ月、10万4730円(利用者負担はこのうちの1〜3割)

❗ 要介護度(要支援度)別の支給限度額と自己負担額は地域や利用サービスによっては多少の差異が生じる。

であった（ちなみに一番介護度の低い要支援1だと、1ヶ月の利用限度額は当時5万30円）。

これを超えた分は自腹になるが、高額になった場合、後日、行政から「高額介護サービス費」として支給されるので、やはり今の老人は至れり尽くせりな感はある。

認定が下りたので、悲願でもあった家じゅうに手すりを付ける工事を開始した（これもケアマネを通して発注していくことになる。つーか、なんもかんも、認定後はケアマネ命！　である。それほど、**ケアマネさまなしには生きていけないしくみになっている**のだ）。

母の家の玄関、廊下、トイレ、浴室に取り付けてもらったのであるが、総費用19万2150円。ギリギリ20万円内で済んだ勘定になる。母は1割を負担するので、実費として1万9215円を支払った。

おーほほほ！　これで転ばなくてよ!!

と高笑いした私だが甘かった。これ以降も、母はますます転んでくれるんであるが、まあ、手すりはないよりかは全然いいので、この段階で介護認定を取った苦労はあったと言っておこう（介護認定の相談は早いほうが良いので、まだ大丈夫かな？　って思った段階が「申請しどき」である。なぜなら、お役所仕事、時間がかかるのだ）。

＼知らなきゃバカ見る！／

介護にまつわる基礎知識③

介護サービス利用までの流れ

1. 要介護・要支援認定の申請

2. 認定調査・主治医意見書

調査員が自宅や施設等を訪問して、心身の状態を確認するための認定調査を行います。主治医意見書は市区町村が主治医に依頼をします。主治医がいない場合は、市区町村の指定医の診察が必要です。

3. 審査判定

調査結果および主治医意見書の一部の項目はコンピューターに入力され、全国一律の判定方法で要介護度の判定が行われます（一次判定）。一次判定の結果と主治医意見書に基づき、介護認定審査会による要介護度の判定が行われます（二次判定）。

4. 認定

市区町村は、介護認定審査会の判定結果にもとづき要介護認定を行い、申請者に結果を通知します。申請から認定の通知までは原則30日以内に行います。

5. 介護（介護予防）サービス計画書の作成

介護（介護予防）サービスを利用する場合は、介護（介護予防）サービス計画書（ケアプラン）の作成が必要となります。「要支援1」「要支援2」の介護予防サービス計画書は地域包括支援センターに相談し、「要介護１」以上の介護サービス計画書は介護支援専門員（ケアマネジャー）のいる、県知事の指定を受けた居宅介護支援事業者（ケアプラン作成事業者）へ依頼します。

6. 介護サービス利用の開始

参考：厚生労働省ホームページ

りんこ流

バカを見ないための㊙裏ワザ☞☞☞1

介護認定の上手な取り方

☐ **1. 認定調査には必ず本人の様子をよく知る家族が付き添う**

高齢者本人だけでも制度上は問題ないが、判定が軽く出て、実態とはそぐわなくなるのは当たり前。

☐ **2. ケアマネが確定している家庭では、認定調査に担当ケアマネの同席を懇願する**

ケアマネに出席義務はないのだが、調査員は一見さん。その高齢者を見るのは初めてになる。日頃の様子を嫌と言うほど知っている専門家がバックアップしてくれたならば、鬼に金棒だ。

☐ **3. 調査員の特記事項に載るように困っていることを訴える**

高齢者本人に聞かれてまずいことは、家族が別の場所で調査員に困っていることを具体的に訴える。

☐ **4. 医者の意見書（手書き一筆）は神の声**

介護認定審査会では相当数の審議をしている。審査会の人の目に留めてもらわないと、そんなに困ってはいないだろうとスルーされる可能性が高いので、懸賞ハガキを応募するかのように、目に留めてもらうだけの努力はすべき。

これだけやっても認定結果に不満があったら、都道府県に不服申し立てをする前に、市区町村の担当者と相談して区分変更の申請をしよう！

2章 ケアマネージャーと四人五脚編

天国か地獄かはケアマネ次第！

ケアマネって
誰を選んでも
対応は変わらないし、
一度決めたら途中で
変えられないんじゃ
ないの？

08 介護保険を利用したがらない母

人はこんなにも自分が老いたということを認められないものなのか……と呆然とした。

介護認定が出た頃からだ。母の転倒がいよいよ激しくなってきた。

その日は「母の日」で、私は母に花を送っていた。私は花ごときで親孝行というお茶を濁そうとしたわけだ。

私の携帯に留守電が2本入っている。両方、母からだ。

「花が着いたっていう電話だな」と思いながら聞いてみると、ほとんど聞き取れないほどの母の弱々しい声が入っていて、心臓が止まるかと思った。

慌ててかけ直した私の耳に入ってきたのは義理の姉（兄嫁）の声だった。

「りんちゃん？　留守電は母の日のお花が届いたっていうことのお礼みたいですよ〜。お母さん、ちょっと転ばれたみたいで、今、病院なんですよ〜。りんちゃん、お兄さんがついているし、大丈夫だから、お仕事頑張ってくださいね〜」って感じの話だった。

まあ兄夫婦が一緒にいるなら大丈夫だろうとは思うが、念のため実家近くの病院に急ぐ。

母の顔を見た瞬間、息をのむ。

お岩さんよりひどい！　歌舞伎役者のメイクのようである。


転んだって、顔から転んだんかいっ!?


つまり、出るべきはずの手が出ずに、そのまま床に顔面を打ち付けるという信じがたい状況になっていたのだ。

もう誰だかわからないくらいに顔が腫れ上がって、赤、青、黒、茶色の色違いの痣が顔中に溢れている。

片方のホウレイ線に沿って黒い痣がくっきりと出ているので、母自ら「こっちにもできたら（市川）團十郎になれたのに♪」と笑う。

人間ってこんな顔になっちゃうの？　ってくらい、びっくりした。

転んだ日は母の近くに住んでいる姉が出張に行っているときで、その姉が出張先から母にご機嫌伺いの電話をかけたらしいのである。母はその電話を取ろうとして家の中でつまずいて、惨事になった。

母は目の周りの血管が詰まったことがあって（脳溢血が目にきたようなもの）、片目が数年前から見えないのであるが、良いほうの目を強打したため、目の周りが腫れ上がり、それが邪魔して何も見えなくなってしまったらしい。

なんとか姉の家の短縮ダイヤルは押せたみたいで、家にいた姪っこが焦りまくって母の家に来てくれたから良かった。

使える孫で、彼女が病院の手配などを全部やってのけたらしい。

そんなこんなで兄夫婦も緊急に呼ばれ、私だけがカヤの外だったという話である。きょうだいが多いとこういうときには助かる。

当然、母には顔以外にも被害はあり、またしてもろっ骨が数本折れていた。安全であるはずの家の中で、こんなになっちゃうなんて……。

このことは相当ショックであった。

以前、亡くなった父が「弱っていく姿を見せていくのも孫への良い教育」と言っていたことがあるのだが、それにしても**少しずつ少しずつ弱っていく親を見るのはかなり切ない**。

お姑(トメ)(姑の尊敬語)が「子ども叱るな、来た道。年寄り笑うな、行く道」とよく口にするが、行く道は相当険しいということがうっすらとわかってきたので恐怖すら感じる。母の行く道はどうなっていくんだろう？

母は「お得なこと」が大好きなはずなのに、この頃は国にお世話になること、つまり**介護保険を利用することを善(よ)しとはしなかった**。

「介護保険を利用するのは権利なんだよ」といくら説得しても首を縦に振らない。

ヘルパーさんがお掃除に家に入ることも拒否するわ、ましてデイサービスに行くなんてのはもってのほかだったのだ！

「年寄り扱いするな！」

「お母さんはどこも悪くありません！」

「デイサービス？　そんな年寄りばっかりいるところなんて、冗談じゃないわ！」

地元の老人会に入ることすらも嫌がる。

「老人会も主要メンバーは皆、お母さんより年下なんだよ！　自分が年寄りってことをいい加減、わかりやがれ！」とこころの中でののしるが、当然ながら母の耳には入らない。

一日中、家の中にいるのではストレスもたまるだろうと思い、デイサービスを行っている施設でやっている送り迎え付きの陶芸教室（先生がボランティアでやってくださるのでお稽古代は無料であった）に何度も誘うが、「NO！」と即答するどころか、しまいには怒り出す始末であった。

そのくせ、姉の送り迎えに全面的に依存している市井(しせい)の「墨絵(すみえ)教室」には嬉々として出かけるのだ。

「デイサービスやらヘルパーさんやらを利用して、少しは娘たちの負担を減らそうとは思えませんかね？」と立ち向かうと、母は激怒してこう言うのであった。

「あなたたちに、何かご迷惑をおかけしてますかね？」

人はこんなにも自分が老いたということを認められないものなのか……と呆然とした。

昭和一桁もったいない星人との戦い

ヘルパーさんはあくまで家事の「ヘルプ」、つまりお手伝いをしてくれる人であって、清掃業者ではないってことを何度言っても理解しない母だった。

お岩顔になってから、しばらくして母は**ヘルパーさんの週2回のお掃除だけは嫌々、了承するようになっていた**。自分でやることがめんどうになったのだと思われるが、他人が家に入ってくることに、ものすごい抵抗感を持っているのだということがわかった。

もし私であれば、無料に近い破格のお値段（母の場合は1ヶ月の自己負担は2543円、1回300円ちょっとだ！）でお掃除（料理や洗濯をお願いする人もいる。自力で行うことが難しい家事をお手伝いしてもらうという感覚が一番近い）をしていただけるならば、我が家に呼びたいわ！　って大喜びなんだが、母にはかえってストレスだったのかもしれない。

母の家はごく普通の一軒家だが、さすがの昭和一桁世代、物で溢れかえっている。

とにかく物を捨てない。

その捨てないものを収納するために収納ケースを買ってきては、または誰からかもらってきてはドンドン溜める。瞬く間にその収納ケースでは入りきらなくなって、その周りに物が積み重ねられ、再び収納ケースに手が出るという状態。以下、エンドレス。

昔はもう少しマシだったような気もするが、父の死後、体調の悪化もあって、ドンドンすごいことになっていく。

当然、姉妹が見かねて整理整頓に励むのであるが、3日と持たないところが「散らかし名人」の技である。この堂々巡りにも私は心底、疲れている。

ヘルパーさんは取捨選択が必要になる「物を捨てるという行為」を行うことはできないから（「なくなった！」というクレームにつながるからだろう）、「物の山」を丁寧に移動してはそこに掃除機をかけ、また再び戻すという、まったく達成感の得られない作業をさせられていた。

娘たちはヘルパーさんに同情していたが、母の抵抗はすごかった。**ヘルパーさんへのダメ出しがすごい**のだ。

「全然、綺麗になっていない！」**（それは綺麗にできない構造だからです）**

「四角いところを丸く掃くどころか三角にも掃いていない！」**（これでは三角にも掃けません！）**

「オヤツを食べて、おしゃべりして帰るだけじゃない！」**（仕事だよ！）**

「あの人じゃ全然、ダメ！」**（お母さん、アンタは誰でもダメだよ！）**

ヘルパーさんには報告書を書く義務があって、その際に母はお茶出しをしていたんだが、そのことを「オヤツを食い逃げしている」と言っているのだ。自分で出しといて、食べたら文句を言う母。誰だって扱いに困る。

おまけにヘルパーさんには「老人を見守る」というお仕事があるんだが、そのために日常会話をしてくれて、変わりがないかを確かめてくださっているのに、何という言い草だろう。

しかも、母のすごいところは**面と向かっては言わない**ところにある。

面と向かってはこのヘルパーさんに対しても、にこやかに感じ良く接するのであるが、**お帰りになった後に延々、文句を言い続ける**のだ（誰にって？　アタシにだよっ!!）。

このヘルパーさんだけではなく、すべての人に対してこういう傾向があるので、これら文句をいちいち聞かされる身としてはたまったものではないのであった。

そもそも、アンタが散らかしているのが悪いのであって、モデルルームのようになるとでも思っていたら大間違いなんだぞ！

ヘルパーさんはあくまで家事の「ヘルプ」、つまりお手伝いをしてくれる人であって、清掃業者ではないってことを何度言っても理解しない母だった。

あんまり母が掃除に関して文句を言うので、私はある日、計画を実行に移す。寝ていることが多い母には台所まではそうそう立ち入ってこられまいとの企（たくら）みで、まずここの部分から整理をしちゃろう！　と考えたのである。ヘルパーさんも掃除しやすくなるだろう。

大量にある食器の山々、そのせいで引き戸も閉まらない食器棚を整理するべく、驚くくらい見事に食器類を捨ててやった！

もういつのだかも判別つかないほどの乾物類の山だとか、いつからあるのかわからないほどの謎の手作り保存食品の瓶どもも「はい、ご苦労さん！」と言っては処分したのだ。

ものすごい量の埃をかぶった引き出物の数々も見つかった。箱に入ったまま、梱包も解かれていない状態でただ積み重なっているのだ。よく地震で落ちてこなかったものだ。

はい、すべてバザーに行っていただきます！　と景気の良い私である。

ところがだ。見つかった。母に。

母の怒りは凄まじかった。

「全部要るものなのに、勝手に捨てて‼」

要らないじゃん？　50年使ってないじゃん？　じゃあ、もう一生使わないじゃん？

と言っても無駄だ。

「使える！」「使うつもりだった！」「もったいない！」「なんてことをするんだ！」

娘にありとあらゆる罵詈雑言を浴びせかけ、狂ったようにゴミ袋からブツを取り出した。

このワタクシの無料のご奉仕のおかげで見事なまでに美しくなった台所よりも、どこに何があるかもわからない混沌とした状態がお好きなのね、ということがしみじみわかった次第。

母は今、「あそこもあそこも片づけたいのよね～」と暗に私に「片づけておけ」と命令するが、こころの中で「アンタが死んだらね」と毒づく私である。

10 病院が大好きな母

「ああ、そうなの？（その薬なら治るかもしれないのに）お母さんはもう治らないんだね……」と世界で一番かわいそうな振りをするのだ。

母は病院が好きだ。大好きだ。

いつからこんな病院ラブになったのかは把握していないが、今も病院好きである。まぶたが赤いって言っちゃ「眼科に行く！」と言って騒ぎ（加齢だよ、加齢！　医者じゃなくても診断できるわ！）、腰が痛いと言っちゃ整形外科から大量の湿布薬をゲットしてきて「こんなに要らないから、アンタ、持って帰りなさい」と命令する。大量に飲む色とりどりの錠剤はまるで主食のようだ。

こういう年寄りがいるから健康保険は大赤字である。

年寄りには「教育（今日、行くところがある）」と「教養（今日、用がある）」が大事とはよく言われる言葉だが、母の「教育」と「教養」は父が存命中から「病院」が多かった。

この病院だが、ひとりで行くわけではない。必ずお付きの者が必要なのだ。そんなに好きならタクシーでも何でも拾って自分の足で行けばよいものを、父の存命中は父の車での送り迎え、父の死後は姉の車送迎が当然となった（当然、病院内も付き添う）。

今頃気付いたが、母は女王様なのだ。

しかし、召使いにされるほうは大変だ。仕事（姉はフルタイムパートで週3〜4回）もあるのに、週のうち1回か2回は科をまたいでの母の病院が組み込まれるスケジュール。先に1回、姉が単独で出かけ診察券を放り込み、戻った足で母を連れて再び、病院に向かう。延々待っての3分診療。生存確認のようなもので治しようがないのであるから仕方がない。

私がたまたま病院に付き添ったときは、母は待合室でこんなことをのたもうた。

「あら、今日はいつものあの人がいないじゃない？　具合でも悪いのかしら？」

私も真面目に答える。

「……そうだね、きっと病気で来られないんだよ」

あるときである。

母が姉と大喧嘩をしたらしく私に電話がかかってきた。母が電話口でしゃくりあげて泣いている。

「お姉ちゃんが、もう勝手にしなさいってお母さんを怒鳴りつけるの！（こんなひどい娘を持ってアタシは世界で一番不幸な女でしょう？）」

母は頻尿治療に一生懸命で「この健康食品がすごく効く」とか「この薬が新認可」という言葉に弱いが、そのときも認可されたばかりの特効薬が出たという知らせで、医者から栄えある人体実験の候補者に選ばれたのである。

何でも、新認可の薬は最大でも2週間分しか出すことができず、患者は薬を取りに月に2回は足を運ぶことになる。

これ以上、医者通いが増えては自分が病院送りになると懸念した姉が、その治療薬を取りに行くことを拒否したのである。

1ヶ月分処方される薬となんら効果に差はなく（というかどっちも効果はトントンで母の願うレベルには遠く及ばない）、製薬会社と医者を太らせるためだけなら、今までの薬でいいではないか？　私を殺す気か？　という姉のもっともなお言葉であった。

母は泣くのをやめて、私にこう言う。

「それでね、お母さん、考えたんだけど、お掃除のおばさん**（掃除のおばさんじゃねーよ、介護保険から派遣されてるヘルパーさんだよ！）**に頼んで、取ってきてもらおうと思うの。（ヘルパーさんは）車で来ているんだから、雑作はないわよね」

と軽くおっしゃる。

雑作があるなしよりも（つーか、雑作もある！　そこからオシッコ病院まで往復40分はかかるわ、どんだけ待つわで、ヘルパーさんの時間超過は確定だよ！）、30分のお掃除という契約で来てくださっているヘルパーさんがやれるわけがない、**契約違反も甚だしいわ！**

そう母に伝えると、

「ああ、そうなの？（その薬なら治るかもしれないのに）お母さんはもう治らないんだね……」と世界で一番かわいそうな振りをするのだ。十八番中の十八番である。

「タクシーで（ひとりで）行けば？」という私の冷たい反応に「そうだねぇ。そうするしかないね〜。でも高いわよね〜」とおっしゃる。

タクシー代は惜しいが、娘のガソリン代やら、もっと大事な時間は惜しくないのだ。

しかし、電話を受けているほうの私には弱みがある。**姉にすべてを押し付けているという罪悪感**だ。

月2回か、往復3時間だな、行けなくもないか。行って、待って、届けて、帰ってという流れでも半日あれば何とかなるかな？　という思いに包まれる。

「わかったよ。行きますよ、行きます」

「悪いわね〜。頼みますね」

電話の向こうで、母がガッツポーズをしている姿が目に浮かんだ。

11 要支援2から要介護1に

介護保険の区分は変えたほうがいいと思います。要支援の段階は過ぎていらっしゃるように思うんですよね……。

要支援2を取ってから、半年も経っていなかった。本来であれば、次の認定は半年後のはずなのであるが、その半年を待たずにケアマネがこう言ったのだ。

「状態がよろしくないですね。こうお顔から行かれる（転ぶ）のは、何か別のご病気ではないでしょうか？」

もちろん、姉妹もそう思っている。手があるのに、手が出ないで顔から床に突っ込んでいくって、どんな状態だ？　って誰でも思う。

ケアマネはナース出身だけあって、こう言ってくれた。

「**パーキンソンじゃないでしょうか？**　歩き始めの一歩が出ないこともそうですが、手が出ていかないっていうことも特徴のように感じています。一度、お医者さまに『パーキンソン』という名称を出して、聞いてみてはいかがでしょう？」

パーキンソン。聞いたことがある。難病指定ではなかっただろうか？　母はそんな大変な病気になっちゃったんだろうか？　もちろん、即、実行に移した。

今度は「加齢」だと言って譲らない整形外科は無視して、かかりつけの内科の先生に聞いてみる。この先生は父の最期の段階を看てくださった先生なので、母には絶大な信頼があるのだ。

先生はこう言った。

「違います。**パーキンソンではありません**。パーキンソンには安静時振戦（あんせいじしんせん）という手の震えが出るんですが、お母さんにはそれがない。もっと言えば、仮面様顔貌（かめんようがんぼう）と言って、表情が乏しい、独特な雰囲気のお顔になるんですが、それもない。精神状態もうつ症状が見られることが多いのですが、お母さんはうつどころか、いたって朗（ほが）らかですよね？」（朗らかなのは他人様（ひとさま）にだけな！　身内にも朗らかにしろっつーの）

そうハッキリ言い切られてしまうと、違っていてほしいという願望が下地にあるので、「良かった！　違うんだ！」って思い込んで、喜んで外来を後にした。

母も喜び「やっぱり違ったわね〜。これは骨粗しょう症よね？　これからは週に2回、整形外科に行って（骨を丈夫にするという）注射を108回（という煩悩（ぼんのう）の数だけ）打つことにするわ！」と上機嫌であった。

一瞬にして血の気がなくなったのは姉だった。

週1でも激混みの整形外科に連れていくのは心底、大変なのに、母が嬉々として「週2にする！」宣言をしていらっしゃるからだ。

「だってね～、整形外科の先生がこの注射を（１０８回）打てば骨が丈夫になるから、骨折しなくなるよって保証してくださったから、行かなくちゃ♪」

多分、姉はその瞬間に諦めたんだと思う。

自分が連れてこなければ、誰も連れてはこられないのだ。これで治ると信じているならば、また治るならば、この負担も仕方ないではないか？　そう思ってくれたに違いない。姉の負担感を承知していた私ではあるが、その頃ははっきり言えば、まだひと事だったのだ。**お姉ちゃんがいるから、私は何もしなくても大丈夫**。だって、私は遠いし……。子どもも下はまだ高校生だし……。言い訳は得意なのだ。

他力本願が身に付いている末っ子としては姉がやる、やれなければ（ゼッテーやらないヤツだが）兄がやる、その次にようやくアタシの出番という気持ちだった。長子で長女というものは責任感の塊（かたまり）である。姉は実際、週2の整形外科通いでの１０８回注射を成し遂げた（単純計算でも1年ちょっとはかかる）。母が偉いのではなく、姉の多大なる犠牲によって成し遂げられた偉業だと思っている。

母はこの注射完了以降も頻繁に転んでいるが、ものすごく重篤（じゅうとく）なケガにはつながっていないので、効果はあるのかもしれない。ただ、煩悩の数だけ体に打ち込んでも、母の煩悩は全然消えている気配すらないところが何ともなぁ～ではある。

家に帰って、早速ケアマネに伝えた。

「先生にパーキンソンではない！　って断定されました(喜)」

ケアマネも母に「そうでしたか、私の思い違いだったんですね。でも、そうじゃないほうがいいに違いないので良かったです」と言って、一緒に喜んでくれるのであった。

「でも、介護保険の区分は変えたほうがいいと思います。要支援の段階は過ぎていらっしゃるように思うんですよね……。**区分変更をかけるのがよろしいかと思います**が、いかがですか？」

へ？　つまり、要介護に進化してるってことですね？

う～ん、また、あの調査員（来る人は毎回違うのが普通）の質問が繰り返されるのか。めんどくさ。ドクターにも「にゃ♡」ってご挨拶してこないといけないし。めんどくさ。

でも、**要介護１になると利用限度額が上がるから、要支援では今の母のケアプランにはなかった「ナースの訪問」というものもプラスしてお願いできる**のかぁ(*)。

まあなぁ、支援の手は多いほどいいしな。

しかし、要支援が外れて要介護認定を受けてしまうと自動的に包括の管轄を離れ、在野に転がっている居宅介護支援事業所というところの管轄になってしまう。せっかくこのケアマネと母はすごくうまくいっていたのに……。まあ、仕方ない。申請してみるか。要介護認定になるとは限らないし……。

と思ったら、１ヶ月後、**すんなり要介護１の判定が出た**のであった。


(*) **りんこのプチ情報**　要支援でも訪問看護を利用できるケースがあるよ。

12 良いケアマネージャーとは?

ご不安なことがございましたら、いつでも、ご相談くださいね。全力でサポートさせていただきます。

要支援から外れて、**要介護認定が出た段階で包括は卒業**となる。包括を卒業すると、**新たに要介護用のケアマネを探さなければならない**のだ。

一般的には役所のリストに入っている「居宅介護支援事業者一覧表」の中から、好きな業者を選び、そこに所属しているケアマネを指名する。また、包括では居宅介護支援事業所の紹介もしてくれるので、どこを選べばいいのかわからない場合には、どんなタイプのケアマネを紹介してほしいのかなど具体的な要望を伝えて相談してみよう。

この在野のケアマネージャー、誰を選んでもいいのだが、ケアマネによって運命が分かれるので、**「めんどくさいから誰でもいいや!」とやってしまうのは愚の骨頂**である。

なぜなら、介護というのは老人ホームにしろ、在宅でやるにしろ、この専門職さんの力量によって天と地ほどの差が生まれる。「絶対に、この人ならば信頼できる!」という人にお任せしなければならないのである。**介護はケアマネとの信頼関係**と言っても過言ではない。

実はケアマネージャーという資格職、あらゆる方面からの資格取得が可能なのである。もちろん、福祉や保健医療分野での実務経験がないと受験することもできないのであるが、ナント福祉士と付いている資格職以外からでもエントリーが可能である。

看護師、准看護師、医師、歯科医師、薬剤師、義肢(ぎし)装具士、理学療法士、言語聴覚士、はり師・きゅう師、あん摩マッサージ指圧師、柔道整復師、栄養士などからでも受験することができる。つまり、**経験した職種によって得意分野が異なることは明白**なのだ。

例えば、介護を受ける側に持病がある場合でケアマネに医療系の知識があったほうが心強いのであれば、看護師経験者のケアマネのほうが安心である。

また例えば、寝たきりの人を在宅介護する場合であれば、ヘルパー経験のあるケアマネのほうが「使える」という場合もあるだろう。(*)

いずれにしても、**絶対に必要なのはケアマネのフットワーク**だ。

とにかく爺さん、婆さんは急を要することが多い。

事故だ、救急車だ、病院だ、になりやすいのが特徴なんだが、いかなる急変にもダッシュで駆け付けてくれるケアマネがいると心丈夫なのだ。できれば、親の住居に近いケアマネを選ぶに越したことはない。

そして、次に必要なのは**そのネットワークの強さと広さ**である。


(*) **りんこのプチ情報** 近年は圧倒的に福祉職からのケアマネ取得が多い。ヘルパー出身で介護福祉士からのケアマネが多くなってきているよ。

どこに良いレンタル業者がいるのか、どこに評判のいい住宅改修屋さんがいるのか、どこにどのようなボランティアが存在していて、どう助けに来てもらえるのか……。

このように介護にまつわるありとあらゆることに対し、**「そのケアマネの顔でどれくらいの人たちが動いてくれて、助けに入ってくれるのか」**が大変重要なのだ。もちろん、第一は人柄であるし、介護される人間とその家族との相性が大きいのは言うまでもない。

母は包括の優しい元ナースのケアマネが大好きだったので「このままの要支援2でいい！」とゴネていたが、このナースケアマネの「私が人柄、仕事の出来、すべてを保証する（居宅の）ケアマネがおります」の一言で、あっさり次へ移行してしまった。

居宅のケアマネであるKさん（60歳）が来てくれたのはその日だったような記憶がある。出会った瞬間に「仕事、早っ！　もう現れた！」って思ったからだ。

ところが、まさかの姉が異議を唱える。

そのケアマネが所属している居宅の評判が近所ですこぶる悪い！　ってことが理由だった。

何でも、その居宅では障がい者の方のヘルプも担当しているようなのだが、お掃除に入ったときなどに、障がいの重いひとり暮らしの方だと「どうせ、わかりはすまい」という理由で恐ろしく手を抜いたり、新人ヘルパーがきちんとやろうとすると「（差がつくので）そこまではやらなくていい」と指示を出したりする古株ヘルパーがいるとかで、良い噂を聞いたためしがないと言うのだ（主婦の井戸端会議ほど、怖いものはない！）。

Kさんはそのことにも深く頷きながら、こう言った。

「どこの居宅ケアマネをお使いになるのもご利用者さまの自由です。またケアマネ変更もいつでも可能です。そして、ケアマネの所属している事業所をお使いになる必要はありません。もちろん、今までお使いのサービス事業所をお使いになっても、何の問題もありません。ご利用者さまが、ご利用なさりたいサービスをきちんとやっているサービス事業者を選ぶということはとても大切なことです」

「私はサービス事業者、お医者さま、看護師さん、福祉用具レンタル会社などの調整役でして、ご利用者さまが快適にお暮らしになれるようにするための**チーム全体のマネージャーという立場**です。ご不安なことがございましたら、いつでも、ご相談くださいね。全力でサポートさせていただきますから」

地元歴が長く（つまり地元の情報に明るい）、ヘルパー叩き上げでケアマネ資格を取ったというような自己紹介もしてくれた。

初対面で「なるほど、この人ならば間違いない」と感じた母と姉妹である。

「ご利用者さまが一番です」と初対面のときから何回も言っておられたが、それは母がこのケアマネを卒業する日まで、その言葉にも態度にも嘘はなかった。

これ以降、このKさんに支えてもらっての二人三脚（Kさん、母、姉、私だから四人五脚か⁉）の日々が始まった。

13 ハズレケアマネに当たると……

福祉はこちらからお迎えに伺わないと。サンタじゃないんだから、向こうからは来ないシステム！

福祉は自己申告である。つまり、本当に困っている人のもとには届かないしくみなのだ。ヨボヨボの手に力も入らない老人は「申請書」ひとつ書くこともできず、その前にその申請書の在りかさえわからず、ただひとり黙って助けが来るのをひたすら待つだけである。どこに何を言えば助けが来るなんてことを、本当に困っている人に向けて言って回る義務が国にはないからであり、地方自治体もそんな手のかかる仕事を増やすつもりは毛頭なく、わかっていても、速攻目をつむる。私はまず、これに対して、猛烈に腹が立つ。

50代前半の保険代理業を営んでいる知り合いのおやぢがいる。実のお母さん（80代）とのふたり暮らしだ。つまり、ご縁がなくて彼は独身である。

姉がいるのだが、何があったか今や没交渉。連絡を取り合うことはもうないと言い切る。お母さんと3DKの一軒家に住んでいるが、最近、このお母さんのボケがひどい。怒りっぽく、忘れっぽく、何度も同じ話をし続けるというのは加齢ということでスルーできるのだそうだが、とにかく**徘徊だけには苦戦している**という。

知らない間にどこかに消えてしまうので、本当に困っているようだ。

そこで日中、仕事に行かざるを得ない彼は階段の下に扉を付けて、そこに鍵を付けて、お母さんが2階から降りてこられないようにしているのだそうだ。

「かわいそうだけど、1階に降りて火を使われても困るし、何より勝手に出ていくのに帰ってこられないいんだから、もう閉じ込めておくしか仕方ないんだよ……」

「なんじゃ、それは⁉　すぐに介護認定を受けて、ケアマネに助けに来てもらわないとダメじゃん！」と私が偉そうに教えてあげる。

すると、私のときと同じ反応を彼が示したから、笑ってしまった。

「介護認定？　ケアマネ？　そういう人が助けに来てくれるの？　いつまで待てば助けに来てくれるの？」

いやいや、おやぢ。福祉はこちらからお迎えに伺わないと。**サンタじゃないんだから、向こうからは来ないシステム！**　早く、市役所行って、助けをお迎えに行きなって！

それから、しばらくして介護認定が入ることになったとの報告を受け、安堵した。

ところが、どう考えても、おやぢの話よりも介護認定の数字が悪い（というのか、良いというのか、どっちだ⁉）。

ええ――!? もう相当、認知症だと思うのに、要支援1はないんじゃないの？ せめて要介護1でしょう？ という私の言葉の意味が、おやぢには通じない。

「**ケアマネって人がさぁ、何にもやってくれないんだよね。いつになったら、老人ホームに入れてくれるのかな？** もう、俺、疲れちゃって……。昨日も疲れて帰ってきたら、うんこ臭くて、臭いのもとを探したら、婆さんのベッドの下から大量の使用済みパンツが出てきてさ、俺に怒られると思うんだろうね、隠してあるんだよ。ボケまくっているくせに、そういうとこにだけは知恵が回るんだよね。余計な仕事を増やすことしかしないんだ……」

いやいや、おやぢ。**老人ホームも待ってるだけなら、永遠に入れませんけど？**

ケアマネも余程、世話好きな腕の立つ人じゃない限りは、向こうから、何をやります、かにをやりますなんて言ってくれないよ。こっちから言わんかーいっ!! 「これが困っているから、この手助けが欲しいです！」っていうのをとうとうと語らない限りは、誰も何もやってくれませんけどぉ？

しかもさぁ、なんで要支援なわけ？ おやぢ、アンタ、（調査員さんに）訴えなかったの？

「いや、認定調査員でしょ？ 俺、その日は仕事があるんでって言ったら、『ご本人がいらっしゃればいいので、ご家族の付き添いは要らないですよ』って言われたから、会ってないんだよ」

ダメじゃーん!!

「ごはん、ちゃんと食べてますか？」とか「お名前、言えますか？」とか「今日は何月何日ですか？」とか聞かれるんだけど、そのときだけ、お母さんにスイッチ入っちゃったんじゃないの？　とにかくケアマネに窮状を話して、認定を上げてもらいなよ！

後日、おやぢに会った。元気がなかった。

「ケアマネが全然、動いてくれないんだよ。『ああ、そうですね〜、やっておきます』って言ったきり。役所に言っても『ケアマネを通してください』って門前払い。ケアマネって人には俺、1回しか会ったことがないんだけど、みんな、そんなもん？」

なわけあるか〜い！　見飽きるくらい会えるわ、普通！　もし要介護なら「サービス利用票・提供票」の確認にひと月に1回は来ないとダメなはずだよ？　家族にも会わないと、ケアプランなんて作れないじゃん!?(*)

「なんかさ〜、俺、このまま行くと、婆さんの介護で仕事辞めざるを得ないよな？　そしたら、俺と婆さんは無収入になるわけだろう？　最後は親子で首くくれってか!?（乾いた笑い）」

全然、笑えない！　**介護ははっきり言って情報戦**だ。自分で抱え込まずに、どう介護チームを作っていくのかで明暗が分かれる。市役所、包括、ケアマネ、ドクター、看護師、病院の相談室、ヘルパー、デイサービスの人たち、**すべての近場にいるプロを頼って、窮状を話そう**。まずはそこからだ。助けは必ず、来る！

ケアマネもハズレをつかむか、アタリを引くかは自分次第。胸襟（きょうきん）を開いて、まずは窮状を理解してもらうことが肝心なのだ。

(*) **りんこのプチ情報**　要支援なら少なくとも3ヶ月に1回、要介護なら1ヶ月に1回はケアマネには会えるよ。ちなみにケアプランの見直しは3〜6ヶ月に1回やるんだよ〜。

りんご流

バカを見ないための㊙裏ワザ☞☞☞2

良いケアマネの見分け方

- □ 1. 利用者が一番大切という信念を誰に対しても徹頭徹尾貫ける
- □ 2. 家族を含めた利用者の声を辛抱強く聞いてくれる
- □ 3. フットワークが良い
（いついかなるときでも嫌な顔をせず、ホイホイ来てくれる）
- □ 4. 顔が広い
（そのケアマネを中心としたネットワークが存在しており、人脈がある）
- □ 5. 地元に明るい
（地元の地理、情報に精通しており、ツーと言えばカーと答えてくれる）
- □ 6. とにかく世話好き
（困っている人をほっておけない性格。福祉が天職と言い切れる）
- □ 7. プロとしての具体的アドバイス、提案をしてくれる
- □ 8. 仕事が早い
- □ 9. 案件をほっておかない

良いケアマネの探し方

- □ 1. 包括に相談し、条件の合いそうなケアマネのリストアップをお願いする(＊)
- □ 2. かかりつけ医に相談してみる
- □ 3. ご近所ネットワークを使う（いわゆる口コミ）
- □ 4. 認定調査員がいらしたときに、調査員から情報を得る

(＊)条件とはケアマネの前職、性別、年齢、近居かどうかなど。

3章

リンこは見た！

老人病棟の現実編

げっ！

老人に対する
扱いがひどい。
病院というところは
家族があまり来ない
高齢患者に対して
冷たすぎる。

14 骨折病棟シモとの戦い

私はこの一瞬で「自分にはオムツ処理の介護はできない！」そう悟った。

母が入院したのは忘れもしない、私の娘の大学受験の合格発表日だった。

ウチの親はウチの子が受験ってなると入院する癖がある。

古くは私の息子が中学受験時の初冬、交通事故で老夫婦揃って入院。その次はこの息子が大学受験直前に父が入院。結局、父は息子の受験期間中、入退院を繰り返して亡くなった。今度は娘の大学受験で母が入院だ。

これがいつも晩秋から冬にかけてのタイミングで、**嫌がらせか!? とムカついてくる**。

別に本人たちも好き好んで入院したのではないことくらいはわかっている。でも、こういうときってどっちにも気を取られるせいか、どっちも中途半端で、どうにもならないもどかしさに私の気持ちだけがやさぐれるという悪循環にはまってしまう。

今回の母の入院はひどい腰椎の骨折。**尻もちをついたら背中の骨が潰れちゃった**ってものである。

入院の知らせは大学で受けたので、その日は「我が家から遠方の大学」→「遠方より急きょ自宅へ戻る」→「車を飛ばして遠方の実家近くの病院に走る」→「夜中に自宅へ帰り着く」というハードスケジュールだった。

母は病室で「痛い、痛い」を連発していた。

人間誰しもそうであるが、**最後は「シモとの戦い」**だ。それは避けられないのだ。

病室のお婆さんたちを見ていると、みんな必死に起き上がって、どうにか車椅子に移り、かなりの時間をかけてトイレに移動し、用を足して、やっとのことでベッドまで帰ってくる。ベッドに車椅子から移るのも本当に一苦労で、ようやく横になれたと思ったら、また必死に起き上がって用を足しに行くということだけで、毎日が明け暮れる。

看護師さんによると「それがお仕事」なんだそうだが、人間の尊厳とか、楽しみとか、そういうものが一切合切（いっさいがっさい）奪われていくっていうのは見ていて切ないものがある。

これが規則で身内といえど、なるべく手伝わないように見守る（つまり、自力で用が足せなければ、即、オムツの暮らしが待っている）ということなので、励ましながら側（そば）にいるしかできないが、要領を得ないために、何をどうしていいのかわからないってことも多分にある。

なんせ動くことが難儀なために、お通じの状態も極めて悪くなるのだ。

ある日、下剤を飲まされた母はそれが効きすぎたらしく、トイレに間に合わず、惨事となった。介護初心者の私は大量に漏れた大便にオロオロ。転びそうになった母が全身でもたれかかってきてふたりで転んだため、母にも私にも大便がベッタリ付いてしまいオロオロ。痛がる母にもっとオロオロ。とりあえず、母をベッドに戻さないことにはどうにもならない。臭さを伴って、吐きそうになる。大量便は私の手に髪に服に壁に床に、おまけに布団カバーにもベッタリと付いて、もう修羅場である。

私はこの一瞬で**「自分にはオムツ処理の介護はできない！」**そう悟った。

この修羅場をどうにかすべくナースを呼ぶが来てくれない。忙しすぎるんだろう。やっと駆け付けてくれたナースはこの光景を目の当たりにして、怒りを隠さず、こう言った。

「もう（便が）出ちゃったあと？　なんで、前に呼ばないの？怒」

「あ〜、もう、じっとしてて！怒」

「病室をこんなにして！　まったく！怒」

これだけの激務だから、いちいち来てくださるだけでもありがたいが、年寄りは年上なんだから、もう少し、言葉遣いをどうにかしてくれないかなぁとお願いするのはワガママというものだろうか？

理不尽なことでナースに怒鳴られ大泣きした同室のお婆さんを、見動きできない母が「あんまりだ！」とそのナースに猛抗議したことや**（後で意地悪されないように必死でとりなす娘のことも考えてくれ！）**、どのナースにどのような意地悪をされていたかの愚痴大会（私から見ると、とってもよくやってくれていると思うんだが、お婆さんたちはクィーンオブ自己中だからね～）なんかを聞いたりしてると、患者の入院生活は大忙しのようだった。

病室は整形外科病棟だが、**これがまあ、お婆さんだらけ。みんな、身動きできない状態**だ。お婆さん同士が「どちらが不幸な人生だったか」の不幸自慢大会をしていたりとかしましい。

母の周辺にいた入院患者のお婆さんたちもひとり暮らしばかりで、特にアパートの2階に住むお婆さん（大腿骨骨折）に至っては、退院したら、階段を上ることはできても、降りるときはどうするんだろう？　とひと事ながら心配だ。

皆さん、そこは腰やら足やらの骨折者の病室だったものだから、座っているのもきつい状態。食事のためにベッドを起こされるんだが、食事が終わったとしてもナースも手いっぱいで、なかなかベッドを水平にしてくれない。

そのため私は食事時間に合わせて病院に行き、母が早く水平になれるようにしていたのだが、周りのお婆さんたちからも「ちょっと娘さん（私＝りんこ）、私も水平にしておくれ！」とのお願いが相次いだ。

毎日、往復3時間をかけて病院に行くのは相当きつかったが、まだ病院にいるから何とかなっているのもまた事実。しかし、これがいつまでもいさせてはもらえない今のシステム(*)。どなた様もだいたい2週間で退院の運びとなるのである（MAXはだいたい3ヶ月）。

帰ったら、母ひとり。自力で生活できるとはとても思えず、かと言って妙案も浮かばず、介護生活が本当に目の前にぶら下がったのである。

(*) **りんこのプチ情報**　診療報酬は15日目からガクンと下がるシステムなので、病院がもうからずに追い出しをかけるという噂。

15 ソーシャルワーカーって人がいた

ところがだ、この病院にいたソーシャルワーカー(*)、恐ろしく感じ悪い！

腰椎圧迫骨折で文句が大変多い入院生活をしていた母なんであるが、根性でリハビリに励んではいた。

しっかし、どうにもこうにも歩くのもままならないので、これでは家に帰ってのひとり暮らしが大変だ！　ってことで、私たち姉妹はケアマネKさんにお願いして、要介護1に上がってからもそんなに月日は経ってはいなかったが、**要介護度をさらに引き上げてもらおうと企む**。

要介護度が1段階上がったとしても、利用できる時間数が増えるくらいで、劇的に援助の種類が増えるということはないのであるが、使えるものはこの際、何でも使ってやろうじゃないの！　って気持ちだった。

Kさんは病室に調査員さんを呼ぶように即刻、手配してくれたが、しかしである、母はやってくれちゃうわけだ。いつものとおり、**必要以上に頑張ってくれる**。

他人にいい顔をしようとするというのか、他人様のお世話にはなるものか！　と思うのか、なんつーか始末におえない。

さっきまで起き上がることさえも自力ではダメだったくせに、**調査員さんが病室に現れた途端、「自分は全然、大丈夫！」モードにスイッチが入っちゃう**のだ。

当然、引き上げられるわけもなく、後日、現状のまま（要介護1）という判定が出た。

まあ、見えていた結果だが、やっぱりな……と落胆した。

それからすぐに、痛いの何のになり、元通りどころか悪化してんじゃん⁉　ってなことで、まったくムカつく母なのだ。

悪化していても「病室滞在期間は2週間」という規則は規則で退院の運びとなった。しかし、母は押し車を使って、どうにかトイレには行けるという程度で日常生活はひとりではまったくもって無理だ（大体、力がなくてペットボトルひとつ開けられないのだ）。

「どうするよ？」と姉妹で顔を合わせる。

姉が母の家に泊まり込む可能性を検討していたが、昼間は働いているので、その間、当然、母はひとりになる。私がその昼間に行くという手も考えたが、やってやれないことはないものの、やりたくない一心でやる前か

(*)**ソーシャルワーカー**
生活する上で困っている人々や、生活に不安を抱えている人々などに対して援助を提供する専門職の総称。ソーシャルワーカーの中でも、病院に属している人は医療ソーシャルワーカーと呼ばれ、社会福祉の立場から患者やその家族の抱える経済的・心理的・社会的問題の解決、調整などを援助する。一般的には社会福祉士の資格を持ち、従事している人が多い。

ら「無理〜！」を連発する。

そんなときに病院ロビーで何気なくポスターを見ていたら、こんな文字が飛び込んできた。

「医療福祉相談室　ソーシャルワーカーが患者さま・ご家族さまのどんな不安にもご相談に応じます。お気軽にお申し付けください。無料です」

無料……。大好きな言葉だ！

なんだかよくわからないが、私たち姉妹はただただ不安なのだ。

ソーシャルワーカーという人が何者なのかの知識はないが、そこに行ったら、漠然とした不安感を解消できるのではないかと期待した。

ところがだ、**この病院にいたソーシャルワーカー、恐ろしく感じ悪い！**　何が偉いんだか知らないが、超お威張りなのである。

「で、あなたがた、不安だ、不安だって言うけれども、何が不安なの？」

「いや〜、何がって、何が不安なんでしょう？」

「僕に聞かれても困るよ！（怒）」

威張りんボのソーシャルワーカーよ、耳の穴、カッポじって、よく聞きやがれ！

患者の不安ってゆーのはな、常に漠然としてんだよ！　「これこれこれが不安なので、それをどうにか解決したい！」って理路整然と述べられるならば、その問題はもう解決してるも同然なんだよっ!!

しかし、こう思うのは今だからで、そのときは初対面の何者なのかもよくわからないオッサンに怒られたせいで、慌てて答えを探し出す。

「そうですよね……。やっぱり転ぶことですかね、一番は……」

ソーシャルワーカーは言った。

「転ぶのが不安なら、神経内科で診てもらうしかないね。じゃあ、ここの神経内科のドクターに予約を取るから、それでいい？」と抜かしやがった。

退院後、指定された日に母を連れていき、ＭＲＩとやらを撮った。

神経内科医の診断はここでも「パーキンソンではない」というものだった。

「じゃあ、何なんですか？　なんでこんなに転ぶんですか？」と執拗に切り込んだのは姉だ。

医者もここで病名を付けねば名折れだと考えたに相違ない。

「**多発性脳こうそく**ですね。お年寄りにはよくあることです。まあ、治療するまでのことでもないんで、もう来なくてもいいですよ。差しあたって、末梢神経に効く、ビタミンB_{12}を出しときますから、これを飲んで、様子をみてください」

そっか、軽い脳こうそくだったのか……。

しっかりとした診断名が付いて、しっかりとした治療が始まると思い込んでいた姉妹はこの結果にガッカリした。ＭＲＩを撮っても、専門医に診せても、事態は何ひとつ変わらないのだ。

16 独居のススメ

「同居の家族がいる」とみなされて、救助の優先順位から落ちるということも災いしている。

結局、母の退院後の暮らしは次のようになった。

住居が近いというだけの理由で姉が母の家に泊まり込み、姉が仕事の日だけ私が駆り出されるというローテを組んで対応する。片道1時間半、同じ県内と言えど、その道のりは遠く、期限のない生活に気は重い。もちろん、ヘルパーさんやら、ナースやら、ケアマネやらが頻繁に来てくれるのではあるが、その滞在時間はごくごく短いのだ。

ブ〜たれる妹に「俺さま兄」はこう言った。

「じゃあ、**お姉ちゃんがお母さんと同居すれば問題なくなるんじゃないの？** お姉ちゃんだって、お母さんの家にわざわざ行くんじゃ大変だろ？ 自分の家でやるほうが楽じゃない？」

女きょうだいがいる男なんて、所詮、発想がこんなもんだ。どんなすごい仕事かは知らんが、仕事を隠れ蓑(みの)に介護に一切、立ち入ろうとはしない。

マザコンのくせして、そこだけ逃げ回るって、どういう育ちだ⁉

「(俺さまにはパートのオマエらには想像もつかない大事なお仕事があって、超多忙でそんなもんに関わっている暇はないから、お暇な)りんこ、お母さんを頼む」の一言で終わりだ。側でその一言だけを聞いた母は、なぜか感激している。

「長男が、私の大事な長男が『頼む』って頭を下げて私のためにお願いしているわ〜♡」

別に頭なんか、下げちゃねーよ! 話の成り行きで、自分に火の粉が降ってくる前に防御反応で出ただけの言葉だ。気付けよ!

世の男たち、パート主婦(私もパートの一員)を舐めんなよ! **若いときは育児を押し付け、年を取れば介護を押し付け、それで世の中、通ると思うなよっ!**

姉が自宅で母と同居しないのには理由がある。介護保険の生活援助でも、後に語るが特別養護老人ホームに入る条件でも、**断然「独居」が有利**なのだ。

独居、つまり、婆(爺でもいい)のひとり暮らしは制度上、強いのだ。逆に言えば、**家族と同居している場合は何かと不利**に働く。

先述した保険代理店のおやぢに助けが来にくいのは「同居の家族がいる」とみなされて、**救助の優先順位から落ちる**ということも災いしているのだ(おやぢの勉強不足も多分にある)。

介護保険を利用して来てくれるヘルパーさんが行う入浴やらオムツ替えやらの身体介護は、同居人がいようがいまいがやっていただけるのであるが、生活援助と呼ばれる調理、洗濯、掃除などは、同居人がいるなら、そいつがついでにやればいいんじゃね? って判断になるのである。

もちろん同居ならば一律にダメではなく、例外はある。

- **同居家族も高齢で、その人に家事を押し付けるのはどうよ!?ってとき**
- **同居家族に障がいや病気があって、その人に家事をさせるのは無理があるとき**
- **同居家族が介護疲れを起こし、共倒れ決定だなと容易に推測できるとき**
- **同居家族が仕事で家を空けがちで、誰かが肩代わりしないと爺婆が死んでしまうと思われるとき**

しかし、例外が認められるかどうかは交渉術による。それもこれも「ケアマネに相談だ！」になるので、**担当ケアマネがいかに大事か、わかる**というものだ。

それで、私はお当番日に母のもとに仕方なく、行くわけであるが、これがだ、口だけは達者なもんで次々にご下命（かめい）がある。

父の神様ボックス（仏教で言う仏壇ね）を開けて、位牌（いはい）のようなものを取り出して挨拶していたら、気が付いたらしく2階のベランダにあるシンビジュームを切って、お爺ちゃん（父）にお供えしろ！と言い出し、切っていたら、シンビジュームだの何だのが植わっている膨大な数の植木鉢に水をやれだの、あそこのゴミを捨ててこいだの、そうだ年賀状を手配しろ！（書くのはワタクシ）、それに当たっての喪中葉書を探せ、去年の年賀状はどこに行った？リストを作れ！などが始まり、その間に洗濯機のボタンを押したから干してこい！になり、あそこに香典は送らなくていいのか？　になり、そっだ、そっだ、お歳暮を贈らねばいけないから住所をメモ書きにするように！　となり、ご下命が次から次へと襲いかかる（当然、お歳暮を贈るのは娘の仕事ね）。

その間にも何度もトイレに行こうとするので、そのたびに付き添いを繰り返す。そして、いちいち「痛い」と訴える。

「骨、折ってるんだから、痛いわなぁ」としか言いようがないのだ。

なにせ実家と言えど私は住んだこともない家（親が勝手に引っ越した）のせいか、どこに何があるのかなんてわからないから「手鏡を持ってこい」と言われても、指示された場所にあるわけもなく大変困るのだ。

母ってやっぱり女王様気質だったのね！　と思い知らされる有り様。

薬ひとつとっても3〜4科の別々の病院の薬、**合わせて10種類くらいは飲んでいる**ので、これを間違えないようにセットするだけでも大変なのだ。自分の家一軒すら切り盛りができない私としては、自分の家庭に加えて、このわがままな母の世話で滅茶苦茶、負荷がかかった状態になっているわけだ。

母にとっては、昔よりもはるかに頻繁に末っ子（私）に会える状況下になり、もちろん姉は四六時中付いていてくれるので孤独でなくなり、我が世の春とばかりにご機嫌であったが「痛い、痛い」と同情を誘う言葉を連発することも決して忘れはしなかった。

17 死人病院

必要に応じて、患者様を拘束することもございます。

またしても、母が入院した。今回はお下血。なんでも「ドビャー!! とアンビリなくらい出た！」らしい。6時間ほど、ひとり安静にしていたが、それが止まらず、ひどくなる一方だったので、恐怖にかられ自ら119番をして、救急車の世話になったというわけだ。

何軒かの病院に断られ、結果として**「死人病院」と噂される、某市の「市民病院」**に入れられた。この病院、このご時世、どこも満室御礼が出るはずなのに、いつ行っても病室にゆとりがあり、「どなた様でも大歓迎、即刻入院OK！」を謳っているという、ある意味、評判の病院なのだ。

病院というところは、入院となると家族に書類上にサインを求める。

「(保証人になったんだからオマエが）金（入院費)、払えよ！」

「差額ベッドはいくらだから、金払えよ！」

「着替えのシャツは1枚いくらだから、金払えよ！」とかの金にまつわることが一番先に来るのであるが、分厚い書類の中にはこんな一文もある。

「そんなこんなな規則があるから承知しとけ！　先に伝えたんだから、後で文句言うなよ！」

今回、姉が一番に駆け付けたので、病院は姉にサインを求めたらしい。

ところが、その中に**「必要に応じて、患者様を拘束することもございます」**ってな文章があったようで、姉の逆鱗（げきりん）に触れた。要は「アンタのママが言うこと聞かなかったら、縛っちゃうから、そこんとこ、よろしく！」ってことだ。

姉は「こんなところには入院させられない！」とサインを突っぱねる。

病院も「どなたにもそのように（サインするように）お願いしている」「どの病院でもそうである（我が家では初耳のケースだった）」「縛るとは決まっていない」と一歩も引く構えがなかったそうだ。

母は一刻も早く、助かりたかったのであろう。「それでいいから」と姉にサインを促したそうな。それで、姉が渋々サインに応じ、ようやく入院となったわけだが、母は「薬とはお友だちで主食が錠剤か⁉」ってくらい大量の薬を飲んでいるので、それが抜けるまで、検査ができないとかで、絶食を余儀なくされた。

何の治療もしないまま、飲まず食わずで生理食塩水の点滴だけにつながれて、ベッドの上で1週間以上が経過した。

私は仕方なく片道1時間半の道のりを通っていたわけだが、行かないわけにはいかない理由があった。**家族が行かないと、母が虐（いじ）められる**からだ。

母の入院先だけでも3軒目であるが、**病院というところは家族が来ない患者（お婆さん）に冷たい**。結構、壮絶な光景を目にする。

あるとき、母の隣で寝ていたお婆さんが急に啖（たん）か何かが詰まったらしくて、息苦しそうにしていた。目の前の緊急事態にオロオロするばかりの私。ナースを呼ぼうとしたときに、お婆さん自ら、ナースコールを押した。

「どうしました？」の声が壁から出てきた。

「く、くるしい。息ができない……」とお婆さん。

「すぐ行きます」と言ったきり、**結局、ナースどころか誰も来なかった**。

見かねて、ベッドを起こしたり、背中を叩いたり、水を飲ませたりしたのはド素人の私である。落ち着いた後、背中をさすっていたら「いつも、呼んでも誰も来てくれない」とそのお婆さんが涙を流す。

その前日だったか、その胸骨骨折のお婆さんは自力では起き上がれないので、夜中に「トイレコール」をしたらしい。しかし、一向に来てもらえないので、二度目のコール。ようやく来たナースは暴言を吐いて、出てったらしい。

「そんなことでいちいち呼ばないで！　自分で起き上がれないならオムツにするからね!!」

こんなことも母から聞いた。母のところにナースが来て、いきなり言われたそうな。

「アンタ、ボケてんの？」

「はい？　ボケてなんかいません！」

「じゃあ、今日が何日か言ってみなさいよ！」

母は娘の目から見ると、少し記憶喪失になったほうがむしろ幸せなんじゃないかと思うくらいボケてはいない。なのに初対面の看護師にそう言われてしまい、余程悔しかったんだろう。泣きながら、ナースの理不尽さをしきりと訴える。

私としても「いかがなものか！」と思うが、母は人質なので、そのナースを呼び出してまで「アンタ、親、いるの？」との説教を垂れるわけにもいかないのだ。

その夜、隣の部屋のお婆さんの絶叫が響いたそうだ。

「縛らないで！　それを、ほどいて!!」

私が話した限りでは、別にボケてはいなさそうなお婆さんだ。普通に楽しい会話ができる。ボケていなさそうなのに、マジに拘束かけるのだ。ＳＭである。

姉は憤(いきどお)って言った。

「やっぱり、必要ない人も縛るんじゃん!!　こんなところには（母を）いさせられない!!」

この死人病院がとりわけひどいかというと、そうではない。**老人病棟なんて、こんなものが普通という実態**なのだ。

まあ、どこも老人に対する扱いがひどい（ところしか、お目にかかっていないのかもしれないが……）。

ただ、これが患者さんに対してだけなのが不思議なのだ。

患者の家族には敬語で話すのに、患者には、特にお婆さんにはなぜ、一様にため口なんだろう。どこでも、まるで小さい子に話しかけるように話す。みんな、普通に会話できる人たちばかりなのにだ。

家族が「点滴がなくなったから交換してください」と言えば「教えてくださり、ありがとうございます」と言って、比較的迅速にやるのに、患者本人が言っても無視するのはなぜなんだろう?

どの病院でも、**家族があまり来られてないなぁと思える高齢患者に対する扱いはひどい。**

患者には弱みがあるから、患者はもちろん、家族でも下手に文句を言うことができない。みんな、声をひそめながら、陰でグチグチ言いつつ、退院の日を待つのだ。いや、家族にとっては、むしろ入院させてくれたほうがありがたいので、そんなことは些細なこととして、抹消されるほうが多いのだろう。

ナースに虐められたと泣いて訴える、隣のベッドのお婆さんに私は言った。

「今度、意地悪されたら、その看護師さんの名前を聞いて、後で教えてくださいね。『どうして聞くのか?』って言われたら**『投書が趣味の娘がいますので』って言ったらいいですよ。**意地悪に負けちゃダメですよ! 頑張りましょうね!」

お婆さんが「久しぶりに笑った」と笑顔を見せた。

母の下血が落ち着いた頃、診断結果が出た。「大腸憩室（けいしつ）炎」。なんでも、大腸の一部が外に袋状に飛び出したものを憩室と呼ぶそうだが、便が詰まったりして炎症を起こすと腹痛、発熱、下血を起こしたりするらしい。抗生剤と安静で治るというもので、「すわ！　大腸がん!?」と思い込んでいた姉妹はこの結果に拍子抜けした。

母は姉妹が毎日、見舞いに訪れ、姉妹の子どもたち（つまり孫）も代わる代わる見舞いに訪れたので、入院暮らしもまんざらでもない雰囲気を漂わせていた。

さらには最愛の長男も嫁と孫と共に見舞いに現れたので大喜びだった。

「この子（長男のこと）は仕事で海外ばかりに行っていて、忙しくしているのに、わざわざここまで足を運んでくれるんですよ～」と病室で自慢している。

毎日、足を運ぶ姉妹よりも、たまにしか来ないヤツのほうがお好きということだ。ま、今に始まったことじゃないから、いっけどね……。

今、私は母というよりも、自分自身の老い先が不安でたまらない。今ですら、この圧倒的人手不足。私が老いるときには、医療保険制度も破たんし、我が子は当てにはならず、老人で溢れかえり、下手に助かる医療だけが発達しているんだろう。

18 サービス担当者会議が開催される

利用者である爺さん、婆さんの出席は絶対。まあ、この人の文句を聞く会でもある。

ケアマネの重要任務のひとつに『**サービス担当者会議**』というものがある。

これは爺さん、婆さん（利用者さんと呼ばれるらしい）の介護にかかわる関係者全員が参加し、情報を共有することによって、**より良い介護を目指すという目的で開催される**ものである。

開催時期には特に決まりはないそうだが、「新参者として利用を開始するとき」「介護保険区分の変更があったとき」「利用者の環境に大きな変化があったとき」「関係者の誰かが開催を希望したとき」などに招集がかけられるのだ。

まあ、どこで開こうが自由らしいが、介護を必要とする爺さん、婆さんがホイホイ外に出られるわけもなく、大抵は爺さん、婆さんの自宅になる。

利用者である爺さん、婆さんの出席は絶対。まあ、この人の文句を聞く会でもある。

担当ケアマネも必須。主たる介護のキーパーソンである家族も当然。このキーパーソンが潰れないようにする方法を探る会でもあるからだ。これに福祉用具レンタル業者や看護師、デイケアなどの介護サービス事業者が加わることが一般的だ。ここに主治医が入ることもあるらしいのだが、私が聞き回ったところ（自宅介護を押し付けられてヘトヘトになっているお友だち3人に聞きました！）、ドクター参加は皆無だった。

ドクターはいつでもどこでも、きっとお忙しいのだ。当然ながら、ウチの『サービス担当者会議』にもただの一度もドクターが現れたことはない（ケアマネはFAXでドクターとやりとりしているらしい）。

それでも、ウチのお婆さんだけのために、この会議は頻繁に開催されたように記憶している。多分、ケアマネKさんの職業意識の高さの表れなのだと感じたが、家族としてはとてもありがたい制度である。

ケアマネという職業は**利用者個人の「ケアプラン」を作成することがお仕事のひとつ**なんであるが、これを全員で見ながら、会議が行われるのだ。

母のところに招集がかかるメンバーは**母**、**姉**、**私**、**ケアマネKさん**、入浴補助やバイタルチェック（血圧とかを測ってくれる）をしてくださっている**看護師さん**、お掃除とデイサービスをお願いしている**事業所の偉いさん**、そして**レンタル業者さん**である。何回か繰り返すうちに、自然とチームとなって動いてくださるような一体感があった。

母は本当に福祉用具レンタルの業者さんにはお世話になったのだが、レンタル業者さんはさすがのプロ。母の様子を見ては「ベッドからの立ち上がりに少しご不自由を感じておられないですか？　バディーという突っ張り棒タイプの手すりがありますから、帰ったらすぐにお持ちしますね」というような素人が考えつかない魔法の道具を提案してくれる人だった。

この時期、母は日ごとに歩くのに不自由していくのだが、娘たちがいくら「杖を使え！」「押し車を使え！」と言っても、断固として「拒否！」の一点張りなのである。しかし、レンタル業者のお兄さんに「これはすごく評判いいんですよ！　試しに使ってみてくださいよ。お気に召さなければ、すぐにお引き取りに伺いますから」などと言われると即行ＯＫ！　になる。

他人の言うことは素直に聞くんか～いっ!?

実際、驚くがすべてがすごく安いのだ。電動ベッドレンタルですら月１５００円しないいくらいだった記憶がある。こういうところはビバ、介護保険！　なのだ。

あるとき、他人様から言っていただくほうが効果があると踏んだ姉は、レンタル業者のお兄さんに「車椅子を勧めてやってくれ」と依頼していた（もちろんケアマネを通す）。

娘がいくら「危ないから車椅子にするべきだ！」と訴えても「いやだぁ～！」とヘソを曲げている母だからだ。

たいてい、ウチの母は娘が「こうしたら？」って言うことに対して、必ず「いやだぁ～！」と条件反射のように言う。

10日くらい前も「すごく安くジュエリーボックスを買えたの！　とっても良かったから欲しければ買ってくるよ？」と母に提案したところ、即いつもの「いやだぁ～！」で却下されたのである。ところが本日、早朝に電話が鳴り、何事かと出てみると「あれ、いいかもしれないから、買ってきて」とおっしゃるのだ。

「あれって何？」という記憶になってからのご依頼。

老人が天邪鬼（あまのじゃく）なのか、母だけなのかは定かではないが、「娘の意見はとりあえず全否定」はずっと続いている。こういう一言、一言が限りなく、**何かをやってあげようという子どもの気を削いでいく**のだということを母は知らない。

「車椅子なんて絶対、乗るものか！　私は自分でちゃんと歩ける！」と思っている節のある母にケアマネKさんがこう言ってくれた。

「鳥居さん、今なら、最新式のものが月700円で借りられるんですって。ごめんどうでしょうけれども、ここは業者さんのために、一度、試してあげてくださいよ、ね？」

母は「まあ、そういう人助けのためなら」という「体（てい）」で土俵にようやく乗るという形がお好きなようだった。

元医者という名の頑固舅（しゅうと）と同居している友人によると、完ボケ爺さんは「デイサービス」と聞くと断固拒否なので、デイサービスのお迎えスタッフが「先生！　往診、お願いします！　先生がいないと患者さんが!!」と言って連れていくのだと笑っていた。

人というものはやはり**いくつになろうが「何かをしてもらう」立場ではなく、「何かをしてあげる」存在であり続けたいのだなぁ……**。

老人のプライドを傷つけずに上手に事を運ぶのは、やはり実子や嫁ではかなり難しい。

「アンタのために、いろいろ手間暇かけてやってあげてんのに、嫌だとは何事だ！　もう、何にもやってあげないからねっ!!怒」という捨て台詞（ぜりふ）がこの口から溢れ出すからだ。

こういう細かいことでも、やはり、**介護はひとりで抱えてはいけない**という立証のような話なのだ。

レンタル業者のお兄さんはこのときも「こまわりくんという優れモノの車椅子で、軽いのに乗り心地もいいんですよ。１回だけ試してみていただけませんか？　試すだけなら、無料ですし」と言って、即日新品を用意してくれていた。

私はこのレンタル業者さんの態度が普通なのだと思っていたが、実は「アタリ」業者さんなだけだった。後に母はこのレンタル業者から離れ、別の業者にお願いすることになるのだが、**私が適当に業者を選んだためにとんでもない目にあった**ことがある。

ホームに入居すると、そこで介護保険は限度額まで使っているためにレンタル品の補助は出なくなり、実費になるのだ。そこで、必需品の車椅子を買うか借りるかの選択を迫られたのであるが、買うと15万円。

考えた挙げ句、どう病状が進むのかがわからなかったので、15万円がゴミになることを憂えて、借りることに決めた。しかし、レンタル料は驚きの月額７０００円！　月額７００円を使っていた身としては大損こいた気分である。

しかもこの業者には最新式どころか、旧式も旧式!! しかなく、しかもしかも使い古しで、しかもしかもしかも、故障で修理に出している間も代えを持ってくるわけでもなく、さらにしかもちゃっかり7000円取りやがったので、私と戦争になるのである。

先にケアマネは大事だと書いたが、最初のレンタル業者もケアマネKさんの紹介。Kさんに認められれば、レンタル業の仕事が自動的に増えるというメリットがあるので、お兄さんも必死。つまり、**優秀なケアマネのもとには、親切丁寧、迅速配備という業者さんが自然と寄ってくる**のだ。

こういうところでも敏腕ケアマネの手腕が光るのかと後で思い知ったのである。

『サービス担当者会議』の最も大きな目的は「利用者の文句を拝聴する」ということにある。「やはりご利用者さま第一ですので、ご利用者さまのお声が一番大切です」との持論を持っているKさんは丁寧に母の文句を聞いていた。

あるとき、母はこういう文句を口にする。

「あのね、お掃除のあの人、私、嫌なのよね。全然、綺麗にしないし、手抜きしているし!」

よくよく聞くと、外回りを掃かないということにエラク立腹しているようだった。

「あのなぁ、婆さん、何度も言うけど、ヘルパーさんはお手伝いさんじゃないの! 外回りは大掃除に入るのでやらないの!」と私に何十回言われてもわからず、娘じゃ埒(らち)があかないと見るや、直接ケアマネに文句を言い始めたのだ。

ケアマネはさすがだ。

「そうですか、それはお困りですよね。どうでしょう、業者さん（の偉いさん）、もう少し、きちんとやっていただきたいのですが、いかがですか？」

会議にはヘルパーさん自身は来ずに、その業者の偉いさんが来ていた。責任者が来たほうが早い話があるからかもしれない。

業者の偉いさんは最初「いや〜、ヘルパーさんは掃除婦ではありません」と突っぱねていたが、Kさんは静かにこう言った。

「私としても綺麗にしていただきたいですし、これがご利用者さまのご希望ですので、やっていただきたい」

偉いさんはこう返してくれたと記憶している。

「なるほど。それは大変、失礼しました。外回りは規則でできませんが、お風呂の浴槽掃除をもっと丁寧にやること、トイレも同様ということをきちんと担当ヘルパーに申し伝えますので、次回の会議を待たなくて結構ですから、Kさんにヘルパーの改善があったかどうかをお知らせくださいますか？　指導が行き届かず、申し訳なかったです」

母は外回りを掃かないということに納得はしていなかったが、こういう細かい不満を直接言って改善できる機会を持てるというのは幸せなことだ。

そのときは**「家の中がグチャグチャなのに、外回りを気にしている場合か!?」**とつい私の口から出ちゃったのだが、これは母から猛反撃をくらった。

要約するならば「今まではちゃんと、このワタクシが外を掃いておりましたが、何か!?」ってことらしい。

だから、できなくなったんだから、そこは誰に迷惑をかけるものでもないのだから、もうほかっておこうっていう思考回路にはならないんだなぁと溜息である。

この会議の何回目かの集合時に、母の状態を皆で話していた際に、業者の偉いさんがこう口火を切ったのを覚えている。

「鳥居さんのことは気になるんで、ヘルパーの報告書を毎回、つぶさに見ているんですが、**どう考えてもパーキンソンだと思える**んですよ。パーキンソンなら症状を遅らせたり、緩和させたりする薬があるって聞いています。どうでしょう、もう一度、専門医にかかってみては？」

看護師さんもこう言ってくれた。

「私もそう思います。B総合病院にパーキンソン専門の良い先生がいるって話なので、一度、受診してみたらいかがでしょうか？」

「え～？　A総合病院から『多発性脳こうそく』って言われたんですよ～。それに、B総合病院に行くのには紹介状がないと行けないじゃないですか？　違うって言っている主治医のO先生に紹介状をもらえるんでしょうか……」と姉が不安を口にした。

しかし、この場にいる全員が母は「普通ではない」と思っているのもまた事実だったのだ。

19 やっぱり難病だった

進行性核上性麻痺っていう病気っていうのが一番、症状に合っていると思うわけ。

会議が開かれた後ほどなく、姉は意を決して、かかりつけの内科医のもとに足を運んだ。

「お母さんはパーキンソンではないよ」と診断をくだすO先生に、姉は執拗にこう言ったという。

「違うなら、違うでいいんです！　でも、一度だけでいいのでパーキンソン専門という先生に診ていただきたいんです！　お願いします、紹介状を書いてください！」

O先生（よく考えたら循環器専門医だった。気付けよ、自分！）も根負けしたんだろう。

「わかりました。そこまでおっしゃるならば予約を取りましょう」と言って、その場でB総合病院に電話し、予約を入れてくれたそうだ。


今の病院システムを詳しくは知らないが、その道の専門の先生にかかりたい場合は必ず町医者の紹介状というものが必要で、患者自身ではなく、その医院が直接、予約の連絡を入れるようなのだ。

一見さんの症状の軽い患者は町医者で、町医者がより手厚い診療をと判断した場合のみ、専門病院で診ましょうということのようで、うまく連携されれば良いが、町医者の段階でストップがかかった場合には患者側のパッション（＝ゴリ押しともいう）以外、どうにもならないことを学んだ一件となった。

そこで、母ははるばるB総合病院のI医師のもとに出向くのである。

予約を取っているとはいうものの、延々待たされ、朝イチに病院に入ったのだが、検査が始まったのはお昼もとっくに過ぎ、検査が終了したのは日が暮れた後だった。

後で気が付くのであるが、**難病専門医は少ない**のだ。需要と供給のバランスがとれていないようで、全国から患者が押し寄せている。世の中にはこんなに難病で苦しんでいる人がいるのかと、その待合室での壮絶さに息苦しくなる。

母は全身をくまなく検査されていたようだが、ＭＲＩに加え、脳の血流検査というものも受けていた。

「狭いところに入れられて、ガーってなって、痛くはないんだけど……」と延々、検査内容を楽しげに語り続ける母である。母にとっては、この病院も娘ふたりとの楽しい小旅行なのだ。

10日くらい後だっただろうか、検査結果が出たというので再び3人でB総合病院を訪れた。

I医師は独特な雰囲気をお持ちの方で、患者の話を聞いているのか、聞いていないのか、よくわからない先生なのだが、事務員さん（先生の診察室では看護師さんは見たことがない）とも喧嘩をしていることがシバシバあって、**どのタイミングでキレられるのかがよくつかめな**

い先生で、私たち姉妹はさらに不安に陥った。

　I医師はこう言った。

「うん、うん、うん。お母さんはね〜、僕が診たところだよ、僕が思うにね、うん、うん……、**進行性核上性麻痺**っていう病気っていうのが一番、症状に合っていると思うわけ。これね〜、パーキンソンと似ているんだけど、違う病気でね。パーキンソンっていうのはパーキンソン症候群っていうくくりのひとつで、お母さんのもその症候群のひとつなんだよね、うん、うん。そう思うわけ、うん、うん。でね、酷なことを言わないといけないから、僕もとってもつらいわけ。ごめんよ〜、とってもつらいけど、言うね」

……（ごくり）。

「これね〜、**治らないんだよ。治療法がないの**。パーキンソン症候群の中のパーキンソン病ならば効くっていう薬があるから、とりあえず、それを出すけど、恐らく、直後は効くかもしれないけれども、だんだん、効かなくなる。ごめんよ〜、治してあげたいんだよ、僕も。いろいろやってみるけどさ〜、恐らく、薬は効かないと思っていて……。すごく難しい病気でね、だから国の難病指定なんだけど、僕も精いっぱい、頑張るからさ〜、お母さんも頑張ろうよ。うん、うん、うん、うん……」

……。

「このね〜、すくみ足っていうのがね、ひどいでしょ？　歩こうと思っているのに、一歩が出ないでしょ？　うん、うん、これが特徴なんだけど、大縄跳びをしていて『入〜れて！』って入ろうと思うんだけど、なかなか、入れない子、いるじゃない？　これをすくみ足っていうんだけど、あれと同じことが起こっているんだよね。気持ちはあるのに、行くに行けないっていう状態。まどろっこしいよね。で、**最大の特徴は転び方がダイナミック**なわけ。手が出ないから、顔から突っ込んでいく、あるいは後ろにそのまま倒れるってこともよくある。それで大ケガにつながっちゃうんだよね、うん、うん」

あ〜！　まさしく、これじゃん！　これだったから、お岩になっちゃったのか!?

初めて、激しく合点がいった瞬間だった。

そして、脳の検査結果という画像を説明してくれた。

まったくわからなかったが、要するに血流が悪い部分があって神経細胞に異常が見られ、脳が萎縮していると。それを総合的に判断するに、この進行性核上性麻痺が妥当であるとの診断結果が出されたようだった。

初めて聞く病名にまったく実感が湧かない。聞きなれない長い病名が難病指定なんだということだけはうっすらわかったが、これからどうなるのか？

母はなぜか、無邪気に「医療費がタダ！」（当時は病院における国指定難病の母の治療費は無料であった。❗２０１５年より法律改正で難病指定が増えるので、今後、既認定者の個人負担増は避けられない見通しになっている）という事実を喜んでいた。

❗ 助成対象の疾病が広がったため、2018年以降、指定難病の新たな自己負担上限額は変更されている。

多分、事の重大さを姉妹以上にわかっていなかったのだと思う。

帰宅後、猛烈な勢いでその病気、症状、進行具合などを調べ出した私である。

「進行が速く、2~3年で車椅子が必要となり、4~5年で寝たきりの状態。平均生命予後は5~9年程度。肺炎や痰による窒息などが死因となることが多い」(「健康長寿ネット」より)

めまいがした。父が死んだのが4年前……。もしあのときが発症だとすれば、来年の今頃は寝たきり?

え~? なんで、こんなことになっちゃったの? 調べれば調べるほど、絶望的なことしか書かれていない。

「やがて眼球も固定され、動かなくなる。嚥下(えんげ)状態も極めて悪くなるため、口からの食事は望めず、胃ろうという措置が取られやすい。将来的には気管切開になる。個人差も大きく、寝たきり生活が10年超という長きにわたるケースもある」(各種医療情報サイトより)

つまり、意識はあるのに、手足どころか、眼球すらも動かすことができず、したがって自分の意思も伝えることができないってことなのか? それが何年も続くってことなのか? そんな残酷な病気があるんだろうか……。

母には正直に伝えなければならない。動ける時間が短いのであれば、母自身がやり残したこと、心残りなことはやれるうちにやっておかねば、母に悔いが残る。そう思った。

症例が書いてあるネット情報を山ほどコピーして母のもとに持っていった。

片目をすでに失明している母には、資料を読ませるよりも、読んであげて説明してあげるほうが親切ではある。しかし、できない。

「あのさ、不治の病で治療法がなくて、来年は寝たきりになるらしいよ」なんてことはどうしても言えなかった。父のときに、あんなにさわやかに「桜は無理～!!（さあ、思い残すことがないようにご準備を！）」って宣告できた姉でさえ、躊躇（ちゅうちょ）している。

月単位で余命を切られることも、もちろんつらいが、真綿で首を絞められるがごとき宣告も生き地獄のように思える。

「これ、後でゆっくり読んどいて！」と言って資料だけを渡し、母のもとから逃げ帰った。結局、私は一番、姑息な手段を選んだ。父のとき同様、ここでも自分が傷つきたくなかったからだ。

帰りの車中でハンドルを握りながら、涙が止まらなくなった。

母はこの夜中にたったひとりで絶望的なことしか書かれていない資料を読んでいるのだ。誰に慰めてもらうことも叶わず、この結論をたったひとりで受け止めなければならない夜の闇のなんと深く長きことか……。

私が帰り着いた頃、母からの電話が鳴った。母はこう言った。

「あ～あ、最期に変なのに捕まっちゃったなぁ……。まあ、しょうがない！」

この人は本当に芯から明るいし、また強いことを再確認した夜だった。

りんこの4コマ劇場①

〈認定調査でよくある話〉

ボケているのは娘のほう

4章 母にマジ切れ寸前編

私は母にとって永遠の付属物？

くっ！

解決するには
お亡くなりいただくしか
ないが、そういうことを
考えること自体が
親不孝の頂点のようで、
嫌になる。

20 植木鉢に見る上手な老い方の一考察

母のキレっぷりのほうが強烈なので、サッサとやったほうが早いのだ。

大きな屋敷に嫁いだ女（嫁ぎ〜のになって早、四半世紀）の愚痴を聞いていた。愚痴の内容は同居するお姑（トメ）なんだが、このお姑（トメ）、園芸が好きなんだな。**ハンパなく広い家に、これまたハンパない数の植木鉢がある。**

お姑（トメ）がピンコシャンコしているうちは「素敵なご趣味」ってことで、その膨大な数の植木鉢に何の問題もなかったそうな。まあ、若干、花柄のジャーだったり、バケツだったりが植木鉢に変化（へんげ）しているのには閉口するらしいが、その風情がなんとも昭和らしい！

しかしである。

気丈なお姑（トメ）も寄る年波には勝てず、園芸品のめんどうをみるどころか、我が身のめんどうもみられない空気になりだした。それでも口だけは達者なので、家族の者に（つまり＝嫁ってことだね）命令する。

「植木鉢のめんどうをみろ！」

しかし、時すでに遅しで大半が枯れ果てた状態になってしまったそうで、枯れ花を見たダンナ（嫁の夫、姑の長男）がキレて「そんなもんは捨てちまえ！」ってことを家族の者に（つまり＝嫁ってことだね）命令するらしい。

嫁は「めんどうをみろ！」「捨てちまえ！」の狭間に立たされ、いつものことながら大いに困ったそうな。で、枯れた物は捨てる。残った物はめんどうをみるっていう、ちょっと見、ナイスな結論が出たんだが、哀しいことに、それの選別から廃棄から水やりから、剪定から、すべてのめんどうな作業が嫁の手に一任されちまったんだそうな。

「りんこー！　あたしゃ、ヘルニア持ちなんだよ！㊡」という昭和の嫁の悲痛な叫びを聞いていた次第。

そういう前振りがあったわけだが、私もスケールこそ違えど、同じ憂き目を見る女のひとりだ。母がまた植木鉢好きなのだ。

友人の家と違ってお屋敷でもなんでもないが、それでもなんでこんなにいっぱいあるんだ⁉ってくらい植木鉢がある。パッと見だけでも百は超えていると思う。

母は命令する。

「ホースで庭に水を撒け！」

ええ――⁉　この寒空にかいっ⁉

「柘植の木に絡まっているつるを切ってこい！」

ええ――!? めんどくさっ。 絡ませとけよ!

「植木鉢の植物に水をあげろ!」

ええ――!? あんなにいっぱいあんのに!? 一鉢ずつやるんかい!?

「それが終わったら、２階のベランダの植木鉢にもやってこい! 車庫にもあるから忘れないように!」

ええ――!? 何鉢あんだよ!? 雨が降るまでほっとけよっ!

と思いつつも、私が渋ると自力でやれる! と頑張ろうとするので、余計にめんどうなことになると思い、渋々、やり出す。

これだけで半日潰れるような気がする。

しかし、母に嫌々やっているのを見抜かれるので、今度は「オマエには口のきけない植物に対する思いやりがない!」と怒られる。

私に対する思いやりはどーした!?

私的には「自然のままほかっておくで上等!」って思うのであるが、そうはいかないらしいのだ。かくて、私は膨大な数の植木鉢と格闘する。

カボスの収穫時にも私は死んでいる。

庭の斜面にはカボスが植わっているのだが、これが忌々(いまいま)しいことにたわわに実りやがる。

そのまま食えるわけじゃないんだから、大量に採ってもどうしようもないんだが、母には通じない。**「全部、ひとつ残らず収穫しろ！」**とうるさいのだ。

しかしである。こいつらには棘があるのだ。流血しながらの斜面での作業。**45リットルサイズのごみ袋4袋分の収穫**になった。これをご近所さまにお配り申し上げるので、綺麗にして、お分けしろとのご下命だ。

誰が、こんなカボス汁、こんなに要るか⁉　と一応キレてみるのだが、婆さんのキレっぷりのほうが強烈なので、サッサとやったほうが早いのだ。

大量のカボスを選別していると「そうそう、白の彼岸花の球根を山田さんにあげるわって約束したから、取ってきて」と軽くおっしゃる。

「咲いてないから、どれが彼岸花の球根かわかりませんけど？」と答えると、母は自力で斜面を登ろうとするのだ。

慌てて、私が挑戦したが、滑落した。

母は無収穫に終わった娘に「彼岸花も見つけられないなんて！（この役立たず！）」と大そう、ご立腹であった。

しかし、舌の根も乾かぬうち、今度は柿（の実）を取れと言い出しやがる。

もう年を取ったら、自分でやれない仕事は諦めるってことが肝要だと思うのだが、諦めきれないものがあるのだろうか。

上手に老いるのは本当に難しい。

21 コウモリ女

お姉ちゃんが『私の人生を奪うな！』って怒鳴るの！

また母からの電話だ。この人は一日に何回かけてくれば気が済むんだろう？　ただ、緊急救助要請の可能性も捨てきれないので無視することは許されない。渋々出る。

「りんこぉ？　お姉ちゃんが！　お姉ちゃんが!!」（すでに絶叫調で泣き喚いている）

「お姉ちゃんがどうしたの？」

「(しゃくりあげながら) お姉ちゃんが、お姉ちゃんが、バナナをバナナを!!　**バナナをお母さんに投げつけたの!!**」

バナナを投げつけた？　姉がそんなことするかな？　と思いながらも、こころは「めんどくさい」一色になる。もう、そちらのことはそちらで完結していただけませんかね？

母は元々エキセントリックというのか、ヒステリックな、まあ言いようによっては極めて感情豊かな女性的な人ではあるが、最近、頓にこの傾向が激しくなってきたと言わざるを得ない。

私が小さなときは、ただ激しい、訳のわからない怒りをぶつけてくる人だったんだが、こんなにしゃくりあげて、幼児のように泣くことはなかった。

今にして思えば、この人は大量の毒を持っている女で、その毒を近親者に派手にばらまくことによって、バランスを保っている面があって、でも、幼かった私はそれに気が付くことができず、ただただ、この人の地雷を踏まないようにだけを考えて生きてきた節がある。

それゆえ、私は親からの早い独立を願った。束縛と干渉と訳のわからない地雷原に耐えられなかったのだ。

結婚という形でその家を出て私はパラダイスを得た気持ちであったが、束縛と干渉は今現在もずっと続いている。**私は母にとっての永遠の付属物なのだ。**

「お姉ちゃんが、お姉ちゃんがお母さんに『感謝がない！』って怒鳴るの！　お母さんは感謝がないかねぇ……？　こんなに感謝しているのに！（泣）」

話をかいつまむと、どうも姉が、母の気晴らしにどこかへ連れ出してあげようとしていたらしい。

そのとき何を思ったのか、大量の荷物と共に1房20本ほどもあるバナナ（母は生協に宅配をお願いしていた）を持っていくと言い張り、喧嘩になったんだそうだ。

母の言い分だとこうだ。

「車だから、あなた（姉）は重くないじゃない？」

食べもしないものを大量に買うだけでも頭に来るのに（腐って捨てるのがオチ。捨てる作業

は姉の仕事）、それを今から行こうかという遠足に丸ごと持っていくだとぉ〜⁉

ということで、姉のスイッチがオンになったという次第。

散々な泣き喚きに付き合わされ、ようやく電話を切ることに成功すると、今度は姉だ。怒り心頭で電話をしてくる。

「ちょっと、りんこ、聞いてよ！」

もう、散々、聞いたよ……。バナナ、投げつけたんだって？

「そんなことしていません！　車から、玄関に戻しただけよ！　私が投げつけたって言ったの？　許せない‼」

なんかね〜、お母さんはお姉ちゃんに感謝しているのに、感謝の気持ちがないって言われたって。これ以上、どうすればいいのか？　あの子は金が欲しいのか？　って言ってたよ〜（あ〜、めんどくさ。もう、どっちでもいいから、アタシを解放してくれ！）。

「金が欲しい？　冗談じゃないわよ！　りんこにも言っておくけどね、私はお母さんが死んでも、遺産相続は一切放棄しますから！　もう、そう決めてあるんで！」

はいはい、わかりました、相続するほどないとは思うけどね……。承りました。

で、また「感謝」のことで揉めてるんかい⁉　感謝の言葉はいつも口に出しているって主張してたよ、お母さんは。

「あのね〜、りんこ、お母さんがどう言ったか知らないけど、感謝の言葉って人に対して『そうですか、それは大変、あ・り・が・と・う・ご・ざ・い・ま・し・た！』とか『どうも、お世話になってすみませ〜んねぇ』と言うのが感謝なの？」

わ〜、目に浮かぶわ。その口調、手に取るようにわかるわ。

「私が『お母さんには感謝がないのよ！』って言ったから、**舌先三寸で感謝の言葉を言っているだけで、全然、思いがこもってない**んだよね。もう、何をしてあげる気もなくなる……」

わかる。実際、感謝はしてないもんな〜。自分が恵まれているってことに気が付いておらず、自分がいかに不幸かってことにしか興味がないからなぁ……。

前にさ、お母さんと何かの話をしていたときに、何の地雷を踏んだのか急に「はいはい、本当に私はつまらない人生で・し・たっ!!(怒)」って言われたことがあるんだけど、基本、悲劇の主人公でいるのが好きだからね。

病院でも「私は娘ふたりにこのようにかしずかれて、ここに参りましたの。あら、皆さんはヘルパーさんのお付き添いですの？　お気の毒。まあ、こうやっているのも、私の子どもへの教育がよろしかったからですけどねぇ〜、おーほほほ」という態度が透けて見えるもんなぁ……。

まあ、難病もお付きの従者も「お望みの悲劇の主人公」の小道具かもね……。

とひとしきり、母への悪口で姉妹は盛り上がる。

また、しばらくして今度はこういう事件があった。

またしても母が姉に怒鳴り散らされたと、泣きじゃくりながら訴えてきたのだ。

「**お姉ちゃんが『私の人生を奪うな！』って怒鳴るの！**　そんな気持ちなら、一切、何もやっていただかなくて結構です！　お母さんは『何もしてくれるな！』って言っているのに、勝手に世話を焼いておいて、ああしろ、こうしろって、お母さんの意見は一切無視で、何でも勝手に決めてやっているのはあの人じゃない！　お母さんが生きてると、お姉ちゃんは自分がやりたい仕事もやれない！　って（実力不足を）人のせいにするのよ!?　やりたい仕事があるなら、人のせいにしないでやればいいことでしょう？」

……。

「はいはい、りんこもお姉ちゃんの味方なの？　わかりましたよ。**こんな娘に育てたのは、私ですからね、年を取って、こんな目に遭うなんて、自分が悪いんでしょうね。**え～、え～、わかりましたとも、よっくわかりました！（怒）」

姉はその頃、職場での難しいとされている資格試験に挑んで、見事に合格を勝ち得るのであるが、やはり、それを生かして飛び立つにはどうしても母がネックになるのは否めなかった。

本音は子育ても終了した今、自分の余生も考えて、体の動くうちに、自分のやりたい分野で思い切り羽ばたきたいんだろうなぁと思うと、ただ長女で近居だからという理由だけで、姉に父までか母をも押し付けてしまった身としては申し訳なさが募るばかりだ。

姉の（年齢的に）「今が最後のチャンス」という気持ちもすごくよくわかる。一方で「じゃあ、母よ、我が家にどうぞ」って気持ちにはまったくなれなかった。

母は私にとっては昔から重荷以外の何物でもないのだ。そんな人を丸抱えしたら、私が潰れてしまう。

この頃、最大限にきつかったのは母のもとに通う長距離移動ではなく、こういう母のエンドレスに繰り返される何万回も聞かされ続けている同じ愚痴、誰かの悪口だったように思う。

それに加え、さらに姉の愚痴を聞くという役回りが増えたのだ。母と姉の両方から怒りのオーラを一身にぶつけられていく日々は、**私を確実に病ませるもの**だった。

母の電話のときは「わかるよ、わかる。その言い方はちょっときついよね、うんうん、つらかったね……。お姉ちゃんも職場でいろいろあるんだろうから、お母さんに当たりたくなるときもあるんだよ、きっと」と言い、姉の電話には「わかるよ、わかる。その言い方はちょっとないよね。うんうん、よくやってくれてありがとね。お母さんはああいう人だから、本人が言うとおり、どんなに恵まれようとも、幸せにはなれないよ。うんうん、どうしようもないね……」と言って、**とにかく話を早く切り上げたい一心だった**。

私はイソップ童話のコウモリを思い出していた。

22 母の寂しさを埋めるのは娘の仕事か？

解決するには母にお亡くなりいただくしか手立てがない。

姉から電話があると出たくない。

それは100％母のことであり、しかもどうにもこうにも解決しない、もっと言えば、解決するには母にお亡くなりいただくしか手立てがないというものだからだ。そういうことを考えること自体が親不孝の頂点のようで、嫌になる。

今回は母がいよいよ**自力歩行が困難になってきた**という相談だった。

今、ウチの母はそれでもひとりで暮らしている。なぜならば、先述したが、同居の親族がいると介護保険の利用できるサービス内容が落とされるからである。

近居の姉にもし同居を頼むのであれば、今度は姉が倒れることが明白だ。

姉には、週3回以上の医者巡りと朝夕の食事運び等を押し付けている。その負担に加えパート勤務もしているので、今でさえ彼女の毎日は母の世話とパートの仕事に追われているのだ。

もちろん、自分の家庭を犠牲にしていることも多々あるだろう。

同居となると、ヘルパーさんにやってもらっている掃除やら、洗濯やら、買い物やらがドット切り捨てられてしまう。その穴は同居の親族で埋めなさいというのが、お国の方針なのだ。

もちろん、老人ホーム行きも頭をよぎる。

「特養（特別養護老人ホームの略称。詳細はP153参照）」というところがあるらしいので、知識もないまま、母の住居近くの特養に電話でちょっと聞いてみたら、あっさり**「400人待ちです」**と言われてしまった。400人……。途方もない長い行列ができている。

いわゆる有料老人ホームというところがあるらしいとは話に聞くが、母自身がそれらを「姥捨て山」のように感じているので、それ以上、話が進まない。もう、毎日が薄氷を踏むような状態なのだ。

姉の怒りの電話には出なければならない。姉に押し付けているという負い目から、何も言えない私である。

せめてもの罪滅ぼしに、毎日、電話で母の無限に出てくる愚痴やら指示やらに付き合うが、これも精神的にジワジワくる。

「今、何をしているの？」

「どこへ行っていたの？」

「講演って、その講演はいくらもらえるの？　そんなに安いの？　やめればいいのに！」

「何を着ていったの？」

「何時に帰ってきたの？　そんなに遅く？　感心しないわね……。もっと早く帰りなさい」

「で、何時に来るの？」

指図は娘を飛び越え、孫にも向かう。

「孫息子はどうしているの？」

「就職活動はどうなっているの？」

「あなた（私＝りんこ）がちゃんとしないから、決まらないんじゃないの？」

「大企業に行けなかったら、どうするつもり？」

「ちゃんと言って聞かせなければダメじゃない。あなた、親でしょ？」

「（孫息子が）帰ってこないってどこで何をしているの？　ちゃんと、報告させないとダメじゃない！」

孫息子に対する指示は延々続く。

そんなんできりゃ、とっくにやってんだよっ‼

20歳もとうに過ぎて、操縦不能なんだよっ‼

と怒鳴り散らしたいところを必死にこらえる。

孫娘についても指示が止まらない。

「ちゃんと試験勉強はしているの？」

「ちゃんと料理は作っているんでしょうね？」

「バイトはどうなっているの？」

わかりません!!　一緒に住んでいませんから!!

半ギレ状態なのだが、毎日、こういう電話に付き合う。

なんせ体は動かないけれども、暇で仕方ないので、興味が孫子のことしかない。

お当番日でなくても電話攻勢がすごいのだ（まあ、これは私が嫁に行っても30年繰り返される毎日の定例業務なのだが……）。

仕事中だと何度言っても、ドンドンかけてくる。「何かあったのか？」と驚いて出ると、何の用事もなく暇潰しでかけているのだ。

「持つべきものは友だちよね～」「これからは友だちが大事よね」と言える私たち世代だが、母世代になると付き添いなしにはその友人とも簡単には会えなくなるせいか、どうしてもコミュニケーションが家族中心になってしまうのである。しかし、その家族はとっくの昔に別世帯になっているので、母を中心に合わせるのはものすごく難しい状況である。

それでも、ほぼ寝たきり状態の母にとっての外からの風は、孫のことを子どもから聞くくらいになっているので、付き合わざるを得ないが、なんともしんどい。

友人に言ったら、みんなそうだと頷く。

「母が孫娘が遅く帰ってくるのを心配して、夜中に電話で『まだ帰ってきてないの？　そういうことでどうするの？　親がちゃんと教育しなくちゃ！』とか散々言ってくるけど、この世で一番心配しているのは母である、このアタシなの！　と怒鳴りつけたい気持ちでいっぱい」

80歳前後のお婆さんたちが、嫁に出した50代の娘の家庭に口を挟む。

そして、口々にこう言う。

「娘は冷たい。私は世界一、不幸だ」と。

幸せを感じる能力が衰えているところが最大の不幸であるが、毎度、毎度「自分は不幸である」と言い張るのは、お婆さんの特性なんだろうか？

友人が言う。

実母をこないだ映画に連れてったら「お父さんに連れてきてもらったとき以来だわ」と抜かされたんだそうだ（別にボケてはいない）。

「あのぉ？　こないだも、その前も連れてきましたけど??」

と怒鳴りたいのを必死に隠したと言っていた。

他の友人は「どこにも行けない」と愚痴を言うお母さまを連れて、都内はとバス観光をしたらしいが、「全然、おもしろくなくて、疲れただけだった」と文句を言われ、怒り心頭だった。

娘たちが一様に言うには、これだけしているのに母には「感謝がない」というものだ。

私は不思議な共通点を見つけた。

その感謝がない老母たちはみんな、自らは介護の経験がないのだ。

つまり、長男と結婚しなかったなどの理由で核家族の走りのような経験をしたため、姑との同居もせず、実家での介護も免れ（きょうだい数が多いからだと思う）、老いるという実体験は自分が初めて！　というものになるという恐ろしい共通点だ。

一方、きょうだい数が極端に少なくなった私たち世代。

娘である者に重圧がかかる。常に愚痴の聞き役と社会の窓になる役割＋老母の足の代わりを求められる。息子しかいない、あるいは子どもがいない老いた女たちは最初から覚悟が違うのだろうか？

老母たちは口々に言う。「さみしい、さみしい」と。**それを埋めるのが娘の仕事なのか？**

束縛されるのもきつい。母の日常生活を支える下働きであるのも、孤独な暮らしを癒やす話し相手であるのも、外の風を運ぶ情報伝達屋であるのもきつい。

しかし私をなおいっそう苦しめるのは、**私は世界一不幸な母を救うカウンセラーなのだ**ということだ。

今、私は夜中に無事でいるかの確認を遠く離れた娘にＬＩＮＥを使ってやっているが、めんどうらしくて、即座に返信されることは少ない。息子に言ったら「俺の彼女が言ってたけど、親からの安否確認はうんざりするものらしいよ（だから、タイガイにしとけよ）」と返された。

私自身が老母そのものになりそうで、その狭間に立って悩んでいる。

私は毎日が息苦しいのだ。

りんこの4コマ劇場②

〈入院中によくある話〉

誰とでも友だち

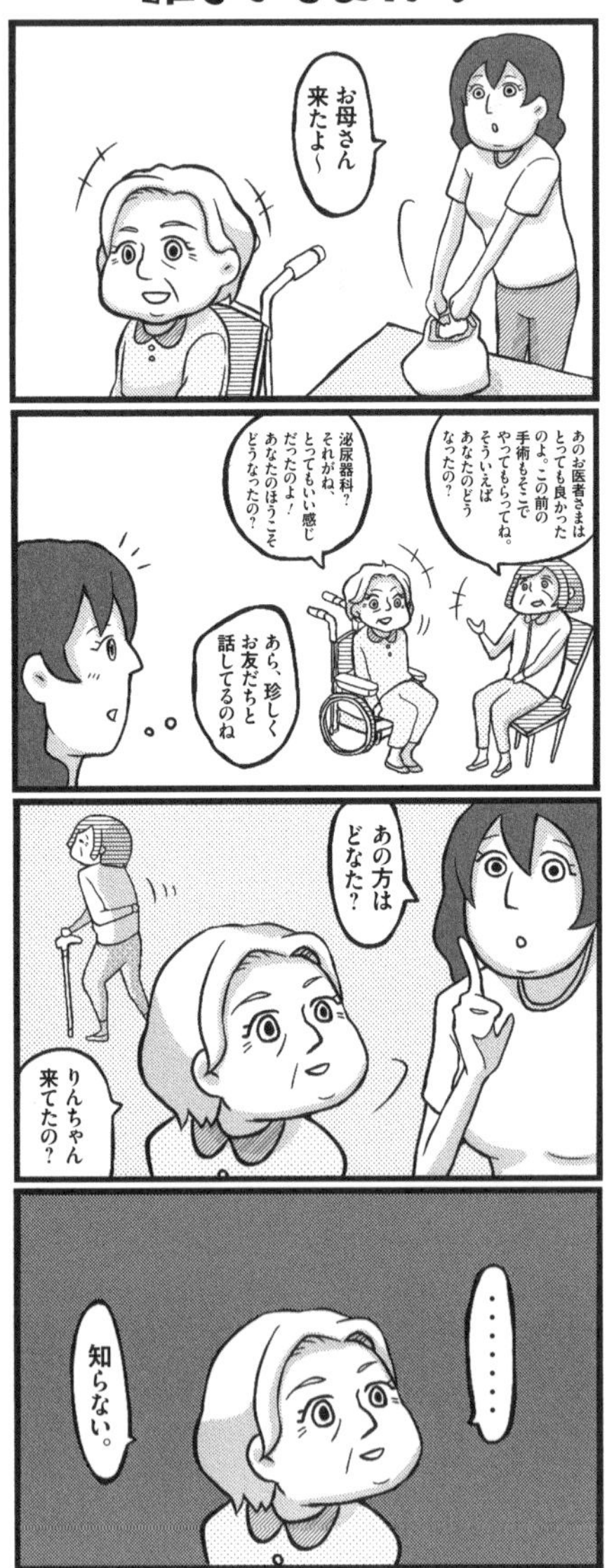

5章

ケアマネ友人が教えてくれた！介護施設の賢い選び方編

23 ショートステイを利用する

親の長生きを恨むようになるんじゃないかとまで想像してしまう。

母の難病が判明したのち、ケアマネのKさんが「緊急措置ということで調査員さんを呼びましょう」と言ってくれた。

要介護1が2になったからといって、先述したように劇的に支援の手が伸びるわけではないのだが、当時は特別養護老人ホーム（特養）の入所基準は要介護1からということになっており（**2015年より要介護3以上**）、より症状の重い人を優先するシステムになっていた。

ケアマネKさんはこのことを見越して、なるべく早い段階で認定を上げようと試みてくれたのだと思う（ちなみに難病判定が出たからといって、要介護度が即上がるということではない。あくまで要介護度はその人への介護の手間が今現在どれくらいかかるのかの判定なのだ）。

市からの調査員さんは毎度、違う人が来るので母にとっても家族にとっても「はじめまして」なのである。その「はじめまして」の人に短時間で我が家の窮状をどうにか理解してもらわなければならないのであるが、母のような病のタイプの老人には認定は極めて不利に出る。

「手も上がる」「足も上がる」「どうにかでも、ひとりでトイレに行ける」「認知症もない」ということでは、認定に反映されづらいのだとKさんは説明してくれた。

「でもね、お母さまはもう当然、要介護2になってもいい段階です。今回は私も出席させていただきます。ご家族のご説明に補強をさせていただくという形でご一緒に加わりたいと思います」と言ってくれて、そのとおりに調査員さんに家族が困っていることは大げさでも嘘でもなく、転びやすいことで危険度が高いということを力説してくれた。

今にして思えば、Kさんは社会福祉協議会所属のケアマネだったので、市から派遣されてくる調査員さんからの信用度も高かったのだろう。

拍子抜けするくらいあっさり**要介護2の判定が出た**。

この頃からだ。母は結構、頻繁に地元の**特別養護老人ホームのショートステイ**に行き出した。ケアマネKさんの勧めである。

ショートステイというのは介護老人福祉施設などに短期間入所して、日常生活上の支援やら機能訓練やらを受ける、いわば**「老人お泊まりイベント」**である。

利用者側から見ると、家族の負担を和らげるものであり、施設側からすると、入所者の入院などで部屋に空きが出た場合、遊ばせておくのはもったいないということで、その間ショートステイという形で部屋に稼いでもらう、利用者側と施設側のウィンウィン関係で成り立っている制度である（ショートステイ専用の部屋を持っている施設もあるらしい）。

その施設は比較的新しいせいか**ユニット型**（居室はすべて個室で、10人程度をひとつのグループ［ユニットと呼ぶ］とし、そこに食堂などのスペースが確保されているハードを持つ施設）であった。

ただ特養。当然ながら、症状の重い方が入られる施設であるので、母のように、まだおしゃべりも十分楽しめるという人は稀らしく、いつ見舞っても、母はひとりでぽつねんとしていた。職員さんは忙しすぎて、母の話し相手になる暇もなさそうだ。

ほとんど誰とも会話せず、刺激がなさすぎて、すぐに頭の機能が低下するのではないか？と思ったほどだ。私は「母がここに入ってもなぁ……」と悩み出す。

ご老人というものは「入院」がつきものらしく、その施設のご老人も頻繁に入院されていたようだ。それで、どなたかが入院されると、すぐに「10日ほど空きが出ましたので、何日かだけでもショートステイを利用なさいませんか？」という連絡が施設から入るのであった。

頻繁にショートステイを利用したって、400人待ちなんでしょう？　生きているうちは（入所は）無理なんじゃね!?　って思うが、ケアマネKさんの見解は違った。

「やはり、どこにどういう人がいらして、その方がどういう方で、どう困っておられるのかということをダイレクトに、その施設に知ってもらえるのは意味があります。お母さまのように、どう病状が進まれるのかが読めない方には〝顔つなぎ〟という意味でも、**頻繁にお顔を見せて、お人柄を知っていただくのは（いざ入所というときに）不利には働かない**と思います」

つまり、施設長、ケアマネなどが参加する「入所者選定会議」に名前を出してもらえる（存在を認知してもらえる）状態にしておくことは損ではないという意味なのだ。

今にして思えば、**入所者選定は待機番号順ではない。施設側がより優先順位が高いと踏んだ者順に扉が開かれるシステム**。ぼんやりではあったが、特養の入所にあたっても、介護保険認定同様、家族の努力が必要な世界なんだなぁと感じる。

母の難病は平均すると、寝たきりまでが発病5年という。

さあ、これからどうする？　母は今、ひとり暮らしなのだ。当然、難病専門医はいい顔をしない（ひとり暮らしができるような状態か！　ということを遠回しに言われた）。もちろん、子どものほうから言えば心配だ。

今現在は毎朝夕、姉が様子を見に行って、週2でヘルパーさんが入っての居室のお掃除。看護師さんが週2で入りバイタルチェックと入浴補助、その他にデイサービスに週2で行き、訪問マッサージ（これは自費）を週2で受ける。ケアマネKさんも週のうち、少なくとも2回程度は様子を見に来てくれる。

この隙間に内科やら整形外科やら眼科やらが入り、お稽古事にも隔週で（姉と）行っている。姉の多大なる犠牲があっての生活だが、とりあえずひとりで暮らしているのだ。だから、このまま**「ひとりでここでやっていく」**と言う母。

「私の家なのに、どうして出ていかないといけないの？」とも言う。

父と同じように、自宅で死ぬことが当然とばかりの発言をする。

自宅で死ぬというのは、かなりワガママなことで、どれだけ周りは大変かってのを父で体験したんだろうに「お父さんがしたことを、どうしてやれないの？」と言わんばかりだ。

父は肺がんだったが、死ぬ直前までトイレに自力で行っていた。ベッドに寝てはいたが最期の最期まで仕事の話もしていたし、意識も鮮明で、寝たきりではなかったのだ。しかも、当時はいつ死ぬのかがわからなかったので、その瞬間瞬間が永遠にも感じたが、今思えばたったの3ヶ月だったのだ。

国は「老人は自宅で死んでください」という方針を明確にしたが、それだけの準備をしてから、物を言ってほしい。今の状態ならば**「国に金はないから、あとは家族に任せたよ！」**って言っているようなものなんだよな。丸投げされるほうは相当困る。

母は子どもの家で同居もしない。ひとりで頑張れると言い張るし、どうしてものときは特養に行くと言うが、その特養に空きはない。多くの特養が個別に募集を受け付けているが、どこも満杯。ユニット型（個室って意味）になると倍率は跳ね上がるだろう[*]（ただ、ひとりの人が複数の施設に申し込みをしているので、実倍率はもっと下がる）。

想像するに母の未来は「骨折で入院」→「そこで筋肉が衰えて寝たきり」→「治療する病ではないので、病院が儲からず退院勧告」→「自宅には戻れずに3ヶ月ごとに**老健**（介護老人保健施設の略称。詳細はP153参照）をさまよう」。あるいは「終身で看てくれる病院を懸

(*) **りんこのプチ情報** 特養は新しい施設であればユニット型だけど、古い施設だと多床室のところが多いんだよ。

命に探す」。もちろん、選べないのだから、待遇なんか度外視になる。

こういう図式が目に浮かぶわけだ。

母と同じような病を背負うお爺さんを持つ知り合いに話を聞く。

「もうね、**家庭崩壊寸前よ**。父が発病し、あれよあれよという間に立てなくなって、それでも母が嫌々ながらも自宅で介護していたんだけど、限界があるわよ、寝たきりでワガママな老人を24時間よ、しかも毎日！」

「私も長女ってだけの理由で駆り出されて、ウチを空けることも多いから、旦那にも不平不満がたまってきて、自分の親だから旦那に文句も言えず、ストレスはマックス。父に一日も早く死んでくれ！　って願うような日々だわ」

「おまけに何もしやしない弟が『オヤジ、頑張って長生きしろよ！』って言っているのを見て、弟に殴りかかりたくなったほどよ。そうこうしているうちに、母が急死したの。最愛の母だったのに、疲れが限界にきたのね。俺さまDV夫だった父のせいで、大好きな母が死んでしまうなんて信じられなかったわ」

「それで、もう気持ちが切れちゃって……。私に全面的に父の介護が回ってきたら、今度は私が死んでしまうと思ったわ。それでね、全力で受け入れ施設を探したの。りんこさんの家からもそんなに遠くないけど、Z病院っていう寝たきりの人を終身で看てくれる病院があってね、そこがたまたま空いていたから、問答無用で父を押し込んだわ。もっとも経済的負担はすごいけどね、**月々、驚きの31万円！** 治療法はないんだから、ただ置いておくだけなのに、この値段よ。でも、もう父の自宅を売り払ってでも、父の貯金をすべてつぎ込んででも、私はここに突っ込もうと思ったわ。長生きされると破産しちゃうけど、今のところは突っ込んで、正解！」

「りんこさん、老人がいくら〝自分の家がいい〟と言ったって、かわいそうに思っちゃだめよ。夫婦は（お互いがお互いを看るのは）仕方ないとは思うけど、子どもが自分の人生を犠牲にしてまでやるべきことではないと強く思うわ。**大事なのは自分の健康と精神状態！** これを強く思ってね」

知り合いはこの看病生活でパニック障害を患って、今も苦労している。

ひと事ではない私は青ざめる。

寝たきりの人を、しかも何年（何十年というケースもある）かかるか、先が見えない状態で誰かひとりの子どもが自宅に引き取って、母のめんどうをみるとすると、そこの家族は崩壊し、母子そろって共倒れになるだろう。

多分、**親の長生きを恨むようになるんじゃないか**とまで想像してしまう。冷たいようだが、これが現実だと思う（アタシは心底冷たいと自己嫌悪にもなる）。

そこで私は**老人ホームを見学に行くことにした**。

何よりも私に必要なのは勉強だ。そう思って、母に伝えるが、肝心な母が動かない。

母の機能がいっぱい残っているうちに、同世代の人と触れ合ったり、リハビリしたりして、楽しんでほしいと思うのだが、特養ショートステイがアダとなっているようだ。

狭い部屋に押し込められて、狭い人間関係に気を遣って、結局、自室からはほとんど出ない生活をすることになると言う。同じ出られない生活ならば、家が一番いいから、ほっといてとまで怒り出す始末。

寝たきりが確実視されている人には、どういう道がベストなんだろう？

選択肢があるうちに、どんな方法があって、どうすれば母が快適で、残り少ない人生を謳歌できるのかを考えなければ。

「お姉ちゃんに迷惑をかけるから施設に行きます」とも言う母に「楢山節考（ならやまぶしこう）」を感じて、思考が止まる。

このままいくと姉が病んでしまう。

でも、無理やり、どこかへ押し込むことは母を悲しませる。

綺麗に死ぬことは本当に難しい。人って綺麗には死ねないんだな……。

24

片っ端から特養に申し込んでみる

「ただ今、500人待ちです」

母が寝たきりになってしまうという悲劇の前に、なんとか目星を付けたくて老人ホーム巡りをすることにした私。しかし、大混乱である。何をどう進めればよいのか、皆目見当がつかなかったからである。

とりあえず、母がショートステイで利用する特養に申し込む。特養のメリットはひとつの施設で食事や入浴、排せつを含め、日常生活全般で手厚い世話を受けられる、プラスお国の補助が入っているので費用が安いことにある。

費用は、入所者の収入、施設が建っている自治体によっても違うが、おおむね月5万円から15万円程度で済み、しかも入居一時金が要らないのである。

格安な料金で看取りまで（医療措置が加われば話は別）を行ってくれる、家族にとっては安心・安全な場所である。特養で別途、費用がかかるとすればオヤツ代、理美容費、医療費などであるが、まあ、ここがすべての施設の中で一番、お得感が出るところである。

しかし、ご存じのとおり、入所は激戦で、2014年3月に厚生労働省が発表した数字によると、**ただ今の待機者は全国で52万4000人**になるそうだ。

52万人の行列と言われても、多すぎてピンとこない。

しかも、2015年度からはより症状の重い人（原則要介護3以上）に限って受け入れをするよう法律が変わったので、これからは要介護2と3の差は天と地ほども出てしまうということになろう。ウチのように「要介護2」のひとり暮らしのお婆さんにとっては死活問題だ。

我が国は2025年には5人に1人が75歳以上の高齢者になると見込まれている社会。保険財政的にも厳しい上に、介護人材不足で経営難の特養も多い。

加えて、国は地域包括ケアシステム（要介護状態になっても、住み慣れた地域で自分らしい生活を続けることができるように地域内で助け合う体制）を目指している。

つまり、お国は**「特養に入るのは難しいから、デイサービスやヘルパーさんを利用して在宅で頑張ってね！」**って言っているのだ。

まあ、4か所ほどの特養に見学に行ったが、要介護度は思っていた以上に高かった。見学に行った時点では「要介護3以上という法律施行前」だったが、それでもはっきり言えば4か5の人（つまり、相当、寝たきりに近い）しか見なかった。

入るには、その上で所得の低い人、ひとり暮らしで誰もめんどうをみてくれない人、長期にお待ちいただいている人、そこに在住している市民が優先されるシステムのようだ。

2019年4月1日時点で全国の特養待機者数は29.2万人。

そして、ケアマネKさんが言っていたように、何度もショートステイを行っている利用者さまのほうがどこの村人だかわからない人よりも優先されるようだ（りんこ調べ）。

そして要介護4か5のリストの中に入り込み、特養の施設長、看護師、ケアマネなどの会議に名前を挙げてもらって「この人」と認められて、ようやく入所の運びとなるわけだ。

母はいつ寝たきりになるのか、よくわからない難病だが、悪くなるのは確実視されているので、順番待ちの書類を書いて提出することにする。とりあえず**特養に申し込みをしない限りは話にならない**のだ。

動いてみて初めて知った知識であるが、**どこの街に住んでいようが、どこの特養でも申し込みはOK**。東京在住者が沖縄に申し込もうが自由である。また、**ひとりが何十か所と申し込みをしても良いシステム**なので、大抵の人たちが複数、申し込みをしている。

52万人の待機者といっても現実は複数の施設に申し込みをしているので、実倍率は大幅に下がると思うのであるが、こういう無駄なことを省いて、一元管理をしてもらえないかなぁと私は怒っているのだ（市区町村によっては申請書や受付窓口を一本化しているところもある）。

なぜなら、この申し込み書類、まぁ、年寄りには、ましてや特養に入ろうかっていう人には無理な書類だ。これを書ける年寄りならば特養は必要ないし、家族にとっても相当な負担になる（まず書類を取り寄せ〜の、書類を書き〜の、必要書類をコピーし〜の、切手貼り〜の、送り〜のという順番を経なければならない。相当、めんどくさいものである）。

特養一軒一軒で申込書も違えば、書く内容も違う。しかし、細かく書かせることは同じであった。

例えば、**経歴**。どこで生まれ、育って、どういう人生を送ってきたか。

例えば、**現在に至るまでの既往歴**。

例えば、**持病と入院歴**。何年にどこの病院に入院して、どういう措置を行ったか。

例えば、**服用している薬と通っている病院名。その履歴**。

例えば、**親族の名前と住所。なぜ、介護できないかの理由**。

そして、まるで就職活動のエントリーシート並みだなって思うのは、入りたいという志望理由を書く欄の余白が大きいってことだ。この欄に切羽詰まった、緊急ひっ迫度の高い文章を特養の施設長なりケアマネなりにわかっていただけるように記入できなければ三球三振、バッターアウト。文面にも工夫と苦労が滲み出るわけだ。

これに介護認定のコピーなどを添付して、ようやく完成する次第（直接手渡しでも、郵送でもOK）。これは書く人が若ければ、何の苦労もない。

しかし、本人にはもはや手に力もなく、自身の履歴を流れるようには書けないのだ。子どもがいる人はいいが、いない人はどうするんだろうか？

よく居宅のケアマネがほっといても代理で申し込みをしてくれるだろうと呑気に待っている人がいるが、とんでもない間違いだ。**居宅ケアマネには特養を含めた老人ホームを斡旋（あっせん）し、**

しかも申し込みを代理で行う義務もメリットもない。

居宅ケアマネにとって老人ホームを斡旋するということは、自身の利用者を減らすということになり、自分のお給料の取り分が減ることを意味するのである。

つまり、相当のお人よしか世話好きなケアマネ以外は、老人ホームはノータッチなのだ。

複数申し込みをして良い、どころか複数申し込みをしなければ一歩も前に進めないことをつかんだ私は、片っ端から母の住居に近い順の特養（ただしユニット型）に申し込みをかけることにする。

私は知恵を絞り、次のように特養申込書に書いてみた。

【問】

本入所申込書に記載した事項あるいは記載項目にない事項等で、特に優先的な入所を考慮する必要がある場合は、その状況についてご記入ください。

【答】

診断確定後5年以内に寝たきりになるという進行性核上性麻痺を患っております。現在、すくみ足がひどく歩行困難な状態です（家の中でも車椅子を使用）。転倒を繰り返しながらも、在宅サービスを利用して独居で暮らしております。

長男、次女は遠方にいて、各自、仕事が忙しく、それも深夜に及ぶため母の介護をすることは難しい状況です。長女も仕事を持っており、母の介護との両立が年々、難しくなってきております。このままでは長女は介護離職しかないと不安を強く持っております。

今現在でも独居は事実上、無理があると家族で大変焦っております。本人は左目もすでに失明している状態ですので、火の取り扱い等も非常に心配です。

施設担当者の琴線にこの文面が触れるかは謎だが、とにかく私は提出しに出向いた。大人気の特養だ。係の人は当然という顔でこうのたもうた。

「ただ今、500人待ちです」

100床あるところだが、いくら実倍率が下がろうとも、母が生きているうちは無理ジャンって気がしてくる。

ちなみに、**近居に子どもがいると優先順位が下がるという噂**。つまり国は配偶者もしくは実の子が看ろと言っているのに等しいのだ。嫁も当然、戦力的には含まれる。こういうところは近居に暇なババがいる場合の保育所待機マイナスポイントに似ている。女は子どもを産め、産み終わったら働け！ そして介護もしろよ！ ってことなのだ。

係の人は悪びれることもなく、むしろ常識といった感じでこう言った。

「まずは要介護度が3以上にならないと、なかなか難しいですね。まあ、いずれにしろ、**要介**

護3になった段階から、3年くらいはお待ちいただくことになるかと……」

要介護度が上がっての3年待ち。こちらの体力が続くか、それとも月々20万〜50万円ともいわれる老人病院に入っていただくか、老健を3ヶ月単位でさまようか、めまいがしてきて、判断できない。

当のお婆さんは特養見学には遠足がてら、一緒に付いてくるのだが、見学すればするほど、こう言うのだった。

「老人ホーム？　冗談でしょ？　私はまだ、あんなにヨボヨボじゃないし！　ひとりで家にいられます!!怒」

老人ホームは友だちもできて楽しいかもよ？　と水を向けてもこう言ってくる。

「そんなところに入ったら、（朝昼晩と上げ膳・据え膳で動かなくなり）長生きしちゃうじゃない？　嫌だわ、とんでもない！」

そして、そう言いながら、大量の薬を飲むのだ。

「逝きたいんじゃなくて、生きたいんじゃん！」と悪口を言うと、こう返される始末。

「薬を飲まなくなったら、あなたたちに迷惑をかけるから、嫌々、飲んでるんです！」

あ〜、老人問題、ややこしくなってきた。

老人のいない国に行きたい……。

25 紹介センターに行ってみた

そのホームさまからお手数料をいただくということで運営させていただいております。

「特別養護老人ホーム」というところに気が付けばいっぱい申し込みをした私だが、申し込むたびに「400人待ちです！」の「500人待ちです！」の言われるので、こころがいじけてくる（もう感覚がマヒして、何人待ちでも驚かなくなった）。

「ふん！　いーよ、いーよ。頑張って書いたけど、ど〜せ、入れないんでしょう？」

特養は何か所も見たけれど、肝心な本人は嫌がるし、入れる見込みすらないんだから、やっていることすべてが無駄に思えて、脱力してくる。

ホーム見学には丸一日を要する（家から1時間半かけて母を迎えに行く↓母を乗せて、行ける範囲の特養に見学に行く↓母を自宅まで送っていく↓自分の家まで帰る）ので、私はもうヘトヘトだ。

長蛇の待ち人の群れに挑む「無駄な戦い」ということもわかっているので、疲労感はいっそう増していくのだ。

こっちは母の終の棲家になるやもしれぬと思って、車椅子ごと母を引っ張っていくんだが、その母は不平不満のオンパレードだ。

「何、ここ？　教会があるの？　ここに入ると毎朝、祈らされちゃうわけ？　冗談じゃないわ！　こういうところはご免こうむりたいね」

キリスト教の福祉法人が運営しているところだから、そりゃ教会はあるでしょう。でも、さっき、案内の人が教会に来ても来なくても自由だって言ってたじゃん！　聞いとらんのかい!?

このような難癖の嵐があっちでもこっちでも展開され、つまりは母はこう言うのだった。

「や〜だね。姥捨て山なんかに行かないもんね〜」

もう知るか！　このクソ婆、てめ〜の死に場所くらい、てめ〜で用意しやがれ！　と何度もブチ切れそうになる。

少しでも快適なところをと思って、いちいち調べては連れてくる娘の身にもなれ！　それなのに、こんなに必死になって、日々、頑張っている娘にその口かいっ!?　もう、いよいよになって、母が転んで身動きできなくなったら、知り合いのお父さんがいるZ病院で良くね？

月々31万円（個室ではなく多床ベッドね）を誰がどう工面するのかはまったくの謎だが、いちいち難癖をつけて回るんだったら、勝手にすればいいんだ！　とこころが叫び出す。

いやいや、短気は損気、ここで怒っても、介護難民になるだけだとグッとこらえる。ただ、たくさん特養を見学してみて思ったのだが、百聞は一見にしかずである。私は特養に「クリミア戦争のときのナイチンゲールの挿絵のような野戦病院的イメージ」を持っていたのだが、時代の進化か、見学したところはどこも共有スペースがとても広々としていて、個室で、日差しも明るく、綺麗であった。もちろん職員さんも親切丁寧だ。

寝たきりの人の施設という側面があるので、元気いっぱいに人々の声が響き渡るようなことはないのだが、それなりに清潔そうで、どこに行っても、悪臭が立ち込めるなんてことも一切なかった。

そっか、これで破格の金額なのだから、人気はあるはずだよなぁと改めて思う。

とりあえず、できることのひとつは果たした。千里の道も一歩から。順番待ちの列に加わらなければ永久に順番は訪れないのだ。

「しかし、これからどうする？」と思った私の目に、新しい建物が映り込んだのはこの頃だった。

近所にお洒落な3階建てのオフィスビルのような、店舗のような建物が建ったなぁとは気が付いていたんだが、何のビルなのかを確かめなかったのだ。

好奇心でビルの入り口に立ってみる。するとそこにはリーフレットが置いてあり、中身を読むとこうあった。

「有料老人ホーム紹介センター。ご相談、ご紹介とも無料です」

え――‼　なんてタイムリーな！　世の中にはこういったサービスがあるんかい⁉　と喜んだ。しかも無料ですとな？　もう、これはご相談しちゃうしかないでしょ！　ということで、早速アポを取って乗り込んだ。

フカフカなカーペットと高級そうな応接セットが置いてある部屋に通されると、相談員と名乗るお姉さんが出てきた。

「どのようなご相談でしょうか？」

「あの〜、全然、知識がないんですが、母の住んでいる街からこの街までの間で、どこか良いホームを紹介していただけないでしょうか？」

相談員さんは接客に慣れている様子でにこやかにこう言った。

「老人ホームと一口に申しましても、いろいろな種類がございまして、当方でご紹介できますのは**健康型有料老人ホーム、住宅型有料老人ホーム、介護付き有料老人ホーム、サービス付き高齢者向け住宅、グループホーム**(*)がございます。どのような形態をご希望でしょうか？」

「はい？　何がどう違うかわからないんですが……。あの、例えば、どういうものがあるんですか？」

「そうですね〜、こちらのホームなどは大変、人気がございまして、施設内に室内プールを完備しておりまして、国際的なプロ指導者などを含めました専門のコーチ陣から直接指導を受けられるということが売りでして、リハビリや運動機能保持に積極的に取り組んでいるホームと

(*)各施設の詳細についてはP151〜155参照

言えます。ご費用ですか？　入居一時金が１２００万円からとなっておりまして、月々が22万円からといったところです。とても評判が良いホームさまなんですよ」

「！」

「ほかにもお料理の評判がすこぶる良いホームさまもございます。こちら老舗料亭〇〇で長年修業してきた板前さんによるお料理が提供されておりまして、自社農園完備でございます。やはり食の楽しみは人生の醍醐味ですものね。とても大切だと思いますよ～。こちらは入居一時金が１４５０万円からということになっておりまして、月々は23万円くらいからでしょうか？　こちらも、ご入居者さまのご満足度が高いホームさまですね」

「！」

質問したいのだが、その質問が思い浮かばない。

頭の中に**「高くね？　高くね？　高すぎるんじゃねー!?」**という言葉がぐるぐる回る。

ひょっとして金持ち専用紹介所か!?

「あのぉ～、市内の〇〇というところに新しく老人ホームができると聞いたのですが、そこはどうでしょうか？」

「ああ、そちらはグループホームさまですね。こちらではあいにく、そちらのグループホームさまのご紹介はしていないのですが、グループホームさまをご希望ですか？」

グループホーム？　なんだ、それ？

基礎知識が皆無なので、相談員のお姉さんが外国語を操っているように感じる。

「あのぉ～？　こちらは相談無料なのにどうやってもうけていらっしゃるんでしょうか？」と聞いてみる。

「ご紹介した方のご入居が決まりましたら、そのホームさまからお手数料をいただくということで運営させていただいております。ですからお客様のご負担ということは一切ございませんので、ご安心くださいね」

ああ、だから提携先のホームの情報しかないわけだ。

県内すべてのホームを網羅して、客観的にその人にベストマッチした老人ホームを勧めるというところではなさそうだ。

払える値段もわからない、どんな形態のホームを探しているのかもわからない、その前にどんな形態があるのかもわからないでは話にならないのは明白だ。

そっか、これは相当、勉強しないといけないんだなということがうっすらわかる。紹介センターを早々にお暇して、私はケアマネを仕事にしている友人に電話をかけた。

26 老人ホームの種類をわかりやすく整理してみた

介護保険3施設は使えないので、ひとりで暮らせないなら、金を出せ！

頼りにしているケアマネ友人に時間を割いてもらうことに成功した私。

早速「にわか勉強会」と称し、教えを請うた。やっぱ、餅は餅屋に限るのだ♪

「老人ホームの種類を知りたいのね？」とケアマネ友人が口火を切ってくれる。ありがたや！

「お年寄りが自宅を出て、施設に移ろうというときにはふたつの選択肢があるの。ひとつは介護の必要はなくて、ピンピンしている場合。これを業界用語で『**自立**』って呼んでいる。もうひとつは『**介護の手が必要**』ってパターンね。りんこのお母さまは要介護2ということだから『自立』型老人ホームは選択肢から外れるってことでいいんだよね？」

いや、いいんだよね？　って言われても、はいはいって言える知識がないんだけど……？

「OK！　じゃあ、自立型施設の説明からいくね。まず『**健康型有料老人ホーム**』ってのがあるの。ここがいわゆるホテルのような暮らし方ができる老人ホームだと思ってくれていいわ。設備も豪華だし、食事も美味しいし、クラブ活動も盛んだし、外出も自由。**お金持ちが余生**

を楽しむってイメージかな？　ただ、自分が要介護になったら、そこの提携先の介護をやっている有料老人ホームに引っ越しする必要は出てくる。つまり、そこに一生いられる保証はないわけなの」

「ちなみに有料老人ホームには『健康型』のほかに、『**住宅型有料老人ホーム**』と『**介護付き有料老人ホーム**』があるわ。施設内では介護サービスを受けられない『健康型有料老人ホーム』に対して、入居者が依頼した外部事業者が介護サービスを行う『住宅型有料老人ホーム』と施設内で介護サービスを受けることができる『介護付き有料老人ホーム』の2つは、**自立型施設ではない**けどね」

「次にシニア向けの『**高齢者分譲マンション**』があるわね。バリアフリーになっていて、シニア用で売られているの。家事は施設スタッフにやってもらえるし、高齢者向け設備も充実しているし、分譲マンションだから、売却も賃貸も相続もOKなんだけど、**要介護状態の人への対応はやっていないところが多い**よ。だから、そうなったら、ここもお引っ越しだね。まあ、これも富裕層向け」

安いところはないんかい？

「数は多くはないんだけど、低額で入所できる『**軽費老人ホーム**』ってのもあるよ。身寄りがない低所得の人向けで、**A型・B型・C型（ケアハウス）に分かれてる**けど、介護付きってところじゃなかったら、やっぱりここも介護の手が必要になったら退去させられちゃう」

❗ 2021年7月現在では、軽費老人ホームA型・B型の数は少なく、C型（ケアハウス）が一般型と介護型に分かれている。

「他にもUR都市機構がやっている『**高齢者向け賃貸住宅**』とか、若い人のシェアハウスみたいな『**グループリビング**』っていうのもあるけど、大体、自立型はこんな感じ。つまり、まだまだ元気で健康なんだけど、ひとり暮らしが不安だなとか、食事の支度がめんどうだなとか、同じような趣味嗜好の人たちとワイワイ楽しくやりたいって人向けの施設が『自立型』って呼べるかな？」

そっかぁ……。金もなさそう、自立もしてないというウチの母には関係なかったね。ごめんよ、説明させて。じゃあ、介護が必要な人が入るところはどこ？

「これがね、グチャグチャになること請け合い（笑）。まずね、りんこがこないだから根性で申し込みしていたっていう『特養』ってあるじゃない？ なんで人気かって言えば、今どきの特養って設備が良くて、費用も安いからなんだけど、それは介護保険施設だからなの。40歳以上の全国民から徴収している介護保険っていう税金で運営されているから安い。でも、そんな**介護保険施設は3種類しかない**のよ」

「1つめはご存じ、『**特別養護老人ホーム**』、略称『**特養**』ね。2つめが『**介護老人保健施設**』**っていう名の、いわゆる**『**老健**』ってところ。そして3つめが『**介護療養型医療施設**』、別称『**療養病床**』ってところで、この3種類だけなの」

3種類しかないんだぁ……。

「**特養**の入所は、知ってのとおり激戦だよね」

「**介護老人保健施設（老健）**はリハビリ施設なの、本当は。なので、原則は**入所期間3ヶ月っていう縛りがある**。でも現実は骨折とかは治っちゃって、病状は安定してるけど、とてもじゃないけど自宅には連れ帰れないって人の収容先みたいになっているんだよね。だから長期の人が多くて、新入りが受け入れてもらうスペースがないってこともたくさんあるみたいね。逆に3ヶ月ごとに〝どっか行ってください〟って家族に退所をせっつくとこもあるらしいから、本人も家族も落ち着かないよね……」

確かに退所をせっつかれるのは嫌だ。

「介護保険3施設の最後は**介護療養型医療施設（療養病床）**。これは病室のこと。心臓発作とか脳梗塞とかの急性期の治療は終わった……でも、まだまだ治療の必要はあるって人のための医療が充実している施設なんだけど、現実的には家庭の事情で退院させてもらえない高齢者の施設みたいになってるの。それを『**社会的入院**』って呼ぶらしいけど、お年寄りって医療費安いから国の負担が大きくなるじゃない？　それが財政難を招いていると考えた厚労省が、この施設を2018年3月末で廃止するって決めたんだって」

え～？　じゃあ、今まで入ってた人はどうなるの？

「でしょ？　難民だよね？　治療が必要な人には医療保険型療養病床ってのに移っていただき、治療はそんなに必要ないって人は訪問介護サービスを利用して自宅に戻るか、有料老人ホームに入るか、ケアハウスに行ってくれって国は言ってるみたいだね。介護医療院という療養病床

療養病床の廃止予定は2023年度末に延長。その受け皿として2018年に介護医療院が創設された。

の代わりになる施設の新設を進めているとも聞くけど、とにかく財政難から3施設とも問題山積みってことだから、これからはますますお国の施設には頼りにくいってことになるかもね」

……確かにグチャグチャになる(笑)。

「整理すると、りんこのお母さまは今現在、要介護2よね。自立してのひとり暮らしは難しい状況下にあると。同居も考えていないと。次の選択肢として介護保険3施設が考えられるけど、命に関わる切迫したご病気後ではないから療養病床は入所できない。ひどい骨折をしてリハビリが必要なわけではないから老健も無理。特養は待機中だけど、今すぐには空きがなくて、難しそう。つまり、結論を言っちゃえば**介護保険3施設は使えないので、ひとりで暮らせないなら、金を出せ！　ってことになる**ね」

あら～、冴えわたるお裁きだこと！

なんか、頭痛くなってきた……。

27 介護付き有料老人ホームvs.サービス付き高齢者向け住宅

りんこ、介護はお金よ！　施設もお金。介護に安かろう、良かろうはないからね！

ケアマネ友人の話は「介護の手が必要な人」向けの施設に移る。

「りんこが紹介センターに聞いたっていう**グループホームってのが、確かに川向こうに新しくできたんだけどね、お母さまは入れないよ。グループホームは正式名称『認知症高齢者グループホーム』っていうの**。お母さま、認知入ってないんだもんね？　ここは要支援2以上の人から入所OKなんだけど、**認知症って診断されてないとアウト**。認知症のお年寄りが5人から9人くらいでひとつのグループ、これをユニットって呼ぶんだけど、2ユニットで構成されている施設なの」

スタッフと一緒に、家庭的な雰囲気の中で、家事とかをやりながら認知症の症状を遅らせようとしている施設だね。

「そうだね、認知症のお年寄りのためのシェアハウスって感じかな？　グループホームは地域密着型サービスっていって、**原則、そこに在住している市民対象**だね。ただし、すごく症状が進んでしまうと置いてもらえないこともあるみたい」

で、現実問題として、母の選択肢は？

「ふたつに絞られるんだよね。ひとつは『**介護付き有料老人ホーム**』、そしてもうひとつが『**サービス付き高齢者向け住宅**』。介護付き有料老人ホームはイメージ湧くよね？　昔は金持ち専用って感じでべらぼうに入居一時金が高いところもあったんだけど……ってゆーか、今もあるんだけど、そうそう、室内プールがあるってところ、あそこもそうよね。でも、最近は需要と供給のバランスなんだろうね、さっき言った介護保険3施設の受け皿として、急速に数が増えてきた施設でもあるの。費用は本当にピンキリで高額な入居一時金を取るところから、入居一時金はゼロ！　ってところまで出てきて群雄割拠状態だよね」

「この『介護付き』『ケア付き』って名乗れるところは、**都道府県から『特定施設入居者生活介護』の指定を受けているところだけ**なのね。要するに、入居者に対する介護職員の最低人数とかが決められているところなんだけど、やっぱり強みは、どの施設でもケアマネとかナースとかが常駐しているってところかな。**外部サービス利用型**っていうホームもあるけど、大抵はケアプランの作成も実際の介護もそのホームですべてやってくれるっていう**一般型**って呼ばれるところが多いよね。看取りまでやってくれるところがほとんどだと思うから、安心は安心なんだけど、費用がね。大抵は一時金が要る上に、平均して月々15万～30万円の間って言われているから、それが払えないと、きつくなっちゃうってことは言えるかも……」

ケッ、最後は金かいっ⁉

「そうよ〜、りんこ、介護はお金よ！　施設もお金。**介護に安かろう、良かろうはない**からね！」

うわーっ、実地訓練に基づいた確信あるお言葉！　痛み入りますわ〜。

「それでね、国が『介護付き有料老人ホームは高すぎるんじゃね？』って考えたらしくて、もう少しお手軽な金額の施設を……ってことで今、**強力に推し進めているのが**『**サ高住**』**ってサービス付き高齢者向け住宅**『**施設**なの。介護付き有料老人ホームのほかに、もうひとつ選択肢があるって言った『**サービス付き高齢者向け住宅**』の略称ね。ここは老人専用の賃貸って考えてもらうとわかりやすいかもしれないわね」

老人専用の賃貸？

「入居一時金の代わりに敷金を払うのね。そうね、大体15万から30万ってところじゃないかな？それで、賃貸だから当然、家賃と共益費が加わるよね。これだと普通の賃貸になっちゃうじゃない？　でも、老人専用なので、これに**生活支援サービスが付く**ってイメージでわかるかな？介護が必要になったら、外部の事業者と個別に契約して、居宅サービスを受けるしくみなの」

それだと、自分の家に居宅のケアマネとかヘルパーさんが来るのと変わりないんじゃないの？　今と同じじゃん？　そこに入る意味あるの？

「う〜ん、そうだね。全面的介護になっちゃうと確かにつらい面があるかもしれない。でも、そこには日中は介護士さんとか看護師さんとかがいるのが普通で、少なくとも安否確認とかの状況把握はしてもらえるんだよね。**大抵はね、1階にデイサービスなんかをやっている事業所が入っていて、そこと契約して、そこからいろんなサービスを受けられるようになっているの**。食事とか洗濯とか、そういうのもお金を払えば問題ない」

また、金かいっ⁉

「**介護付き有料老人ホームと比べると自由度がある**って言えばいいのかな？　自室に台所もお風呂も付いているのが普通だから、そこで好きな時間に寝起きして、自由に外出もして、好きな時間にお風呂に入ることも可能だし、そのお風呂にヘルプが必要だったら、見守りサービスもあるし、できないところを補ってもらいながら、安心して住めるってのが売りかな？　有料老人ホームよりは入居一時金がない分、安いしね。ただ、重度介護になっちゃうと、細かいところまでは介護保険サービスの範疇(はんちゅう)を超えるかもしれないから、重度も受け入れているとは聞くけど、現実問題、厳しいのかなっていう印象はある」

母は重度介護になること確定だけど、サ高住で大丈夫なんだろうか……。

「ああ、今、話しながら思った。ふたつ選択肢があるって言ったけど、ごめん訂正する。りんこのお母さまが寝たきりになるかもしれないことを考えると**やっぱり1個しかないわ。介護付き有料老人ホームを探すしかない！**」

ケアマネ友人に背中を押され、私の老人ホーム探しの旅が始まるのであった。

各施設名称前の番号1～8はP162～163の番号と連動しています。

高齢者の住まいについて

	4 サービス付き高齢者向け住宅（サ高住）	5 有料老人ホーム❗ ●健康型 ●住宅型 ●介護付き	6 養護老人ホーム	7 軽費老人ホーム ●一般型 ●介護型（特定施設入居者生活介護）	8 認知症高齢者グループホーム（グループホーム）
基本的性格	高齢者のための住居	高齢者のための住居	環境的、経済的に困窮した高齢者の入所施設	低所得高齢者のための住居	認知症高齢者のための共同生活住居
定義	高齢者向けの賃貸住宅または有料老人ホーム。高齢者を入居させ、状況把握サービス、生活相談サービス等の福祉サービスを提供する住宅	老人を入居させ、入浴、排せつもしくは食事の介護、食事の提供、洗濯、掃除等の家事、健康管理をする事業を行う施設	入居者を養護し、その者が自立した生活を営み、社会的活動に参加するために必要な指導および訓練その他の援助を行うことを目的とする施設	無料または低額な料金で、老人を入所させ、食事の提供その他日常生活上必要な便宜を供与することを目的とする施設	入居者について、その共同生活を営むべき住居において、入浴、排せつ、食事等の介護その他の日常生活上の世話および機能訓練を行うもの
主な設置主体	限定なし（営利法人中心）	限定なし（営利法人中心）	地方公共団体 社会福祉法人	地方公共団体 社会福祉法人 知事許可を受けた法人	限定なし（営利法人中心）
対象者	次のいずれかに該当する単身・夫婦世帯 ・60歳以上の者 ・要介護/要支援認定を受けている60歳未満の者	老人 ※老人福祉法上、老人に関する定義がないため、解釈においては社会通念による	65歳以上の者であって、環境上および経済的理由により居宅において養護を受けることが困難な者	身体機能の低下等により自立した生活を営むことについて不安であると認められる者であって、家族による援助を受けることが困難な60歳以上の者	要介護者／要支援者であって認知症である者 （その者の認知症の原因となる疾患が急性の状態にある者を除く）

参考：厚生労働省ホームページ

❗ 有料老人ホーム（介護付き）は、特定施設入居者生活介護の指定を受けている施設。
・住宅型（ケアプランに基づき外部のサービスを利用。費用はサービスにより増減あり）
・介護付き（24時間職員が常駐。費用は定額）

＼知らなきゃバカ見る！／

介護にまつわる基礎知識④

介護保険3施設の概要

	1	2	3
	特別養護老人ホーム **（特養）**	**介護老人保健施設** **（老健）**	**介護療養型医療施設** **（療養病床）** **（2023年度末廃止予定）** **（※1）** **介護医療院** **（2018年創設）**
基本的性格	要介護高齢者のための生活施設	要介護高齢者にリハビリ等を提供し在宅復帰を目指す施設	医療の必要な要介護高齢者の長期療養施設
定義	65歳以上の者であって、身体上または精神上著しい障害があるために常時の介護を必要とし、かつ、居宅においてこれを受けることが困難な者を入所させ、養護することを目的とする施設	要介護者に対し、施設サービス計画に基づいて、看護、医学的管理の下における介護および機能訓練その他必要な医療並びに日常生活上の世話を行うことを目的とする施設	療養病床等を有する病院または診療所であって、当該療養病床等に入院する要介護者に対し、施設サービス計画に基づいて、療養上の管理、看護、医学的管理の下における介護その他の世話および機能訓練その他必要な医療を行うことを目的とする施設 （※1）介護医療院は介護療養型医療施設よりも生活施設としての機能を重視している

費用と要介護度から見た
「介護保険3施設＆高齢者の住まい」

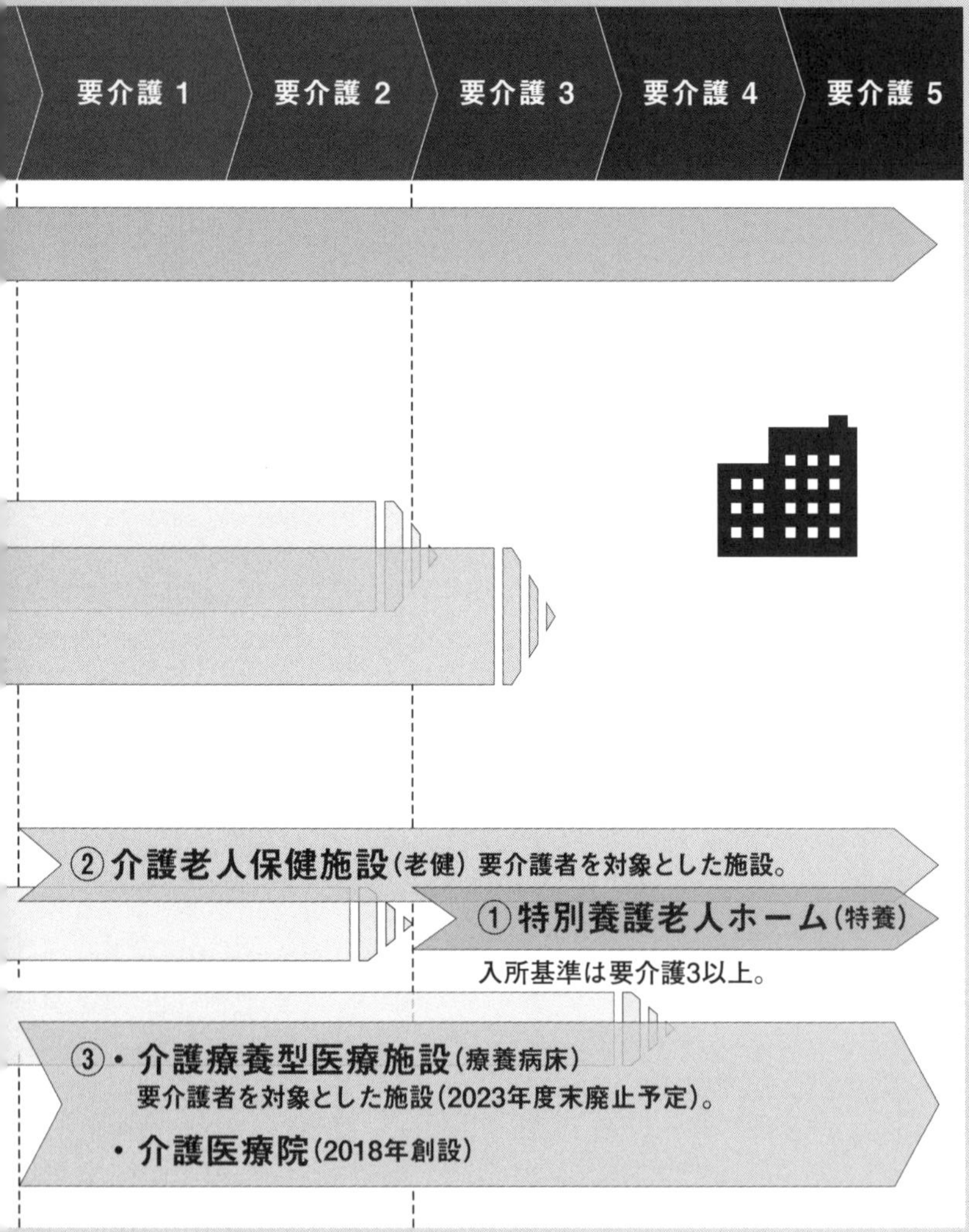

要介護 1 ／ 要介護 2 ／ 要介護 3 ／ 要介護 4 ／ 要介護 5

②介護老人保健施設（老健）要介護者を対象とした施設。

①特別養護老人ホーム（特養）

入所基準は要介護3以上。

③・介護療養型医療施設（療養病床）
要介護者を対象とした施設（2023年度末廃止予定）。
・介護医療院（2018年創設）

※図は著者の体験に基づいた個人的な見解です。
③の介護療養型医療施設や介護医療院では病状や医療処置により高額になる場合もあります。

＼知らなきゃバカ見る！／

介護にまつわる基礎知識⑤

各施設名称前の番号①〜⑧はP160〜161の番号と連動しています。

要介護度／費用	自立	要支援1	要支援2

高

⑤有料老人ホーム（健康型・住宅型・介護付き）

「住宅型有料老人ホーム」は元気なうち（自立状態）から入所することが可能で、介護が必要になったら介護保険の居宅サービスを利用できる。

（・住宅型は外部からのサービス提供
・介護付き（特定施設入居者生活介護の指定）は内部の職員のサービス提供）

中

④サービス付き高齢者向け住宅（サ高住）

自立状態から入所することが可能で、「特定施設入居者生活介護」の指定を受けた「サ高住」では介護も受けることができる。

⑧認知症高齢者グループホーム（グループホーム）

低

⑥養護老人ホーム

⑦軽費老人ホーム（一般型ケアハウス・介護型ケアハウス）

自立状態から入所することが可能で、「特定施設入居者生活介護」の指定を受けた「ケアハウス」では介護も受けることができる。

りんご流

バカを見ないための㊙裏ワザ③

何がなんでも特養に入所させるための方法

「特別養護老人ホーム」入所基準サンプル

指標		項目		点数
1 本人の身体状況	35	①要介護度	要介護 5	25
			要介護 4	20
			要介護 3	15
			要介護 2（認知症・障がい・虐待のある方）	10
			要介護 1（認知症・障がい・虐待のある方）	5
		②認知症による行動障がい 「徘徊・大声や奇声・不潔行為・暴力や自傷行為・異食・その他」		10
2 介護者の状況	25	①介護者がいない（ひとり暮らし）		25
		②介護者に障がい等（注1）がある、または要介護認定を受けている		20
		③介護者が複数（両親など）を介護している		20
		④介護者が高齢（70歳以上）、または未成年である		15
		⑤介護者はいるが、問題がある（就業中、病弱、就学前の子の育児）		10
		⑥介護者がいて特に問題ない		5
3 在宅サービス利用状況	5	①利用している・・・5　②利用していない・・・0		5
4 住宅介護環境	15	①住宅がない		15
		②住宅が介護上問題がある		10
		③住宅に介護上の問題はない		5
5 居住期間	5	申請時の区内居住期間 ①3年以上・・・5 ②3年未満・・・0		5
合計	85			

注1　障がい等とは、身体障害者手帳、愛の手帳、精神障害者保健福祉手帳、特殊疾病等の医療証の所持者

参考：板橋区公式ホームページ

□ **1. 特養の入所判定は加点方式ということを心得るべし！**

特養の入所にあたっては優先度を決めるために評価の項目と点数が定められており（左の図参照）、点数の高い人から入所を案内されるケースが一般的だ（地域によって項目内容や点数は異なる）。

□ **2. とにかく、できるだけたくさんの特養に申し込みをかけるべし！**

□ **3. その際、志望理由としてひっ迫状況を訴えるべし！**

□ **4. 市広報などの情報から「特養新築物件」を逃すべからず！**
（新築は入所しやすい）

□ **5. 介護度の変化は絶対に報告すべし！**
（自分で言わなければ施設にはわからない。特に何もなくても、施設へのご様子伺いの電話は有効）

□ **6. 介護環境の変化**（介護者の病気や不在）**はつぶさに報告すべし！**

□ **7. 本命施設にはショートステイを利用して顔を売るべし！**

□ **8. 特養の施設長&ケアマネには「急変時にはすぐに家族が駆け付ける」&「お金の支払いを家族が保証する」をさりげなくアピールすべし！**

∨
∨
∨

以上、やるだけやったら、後は天の神様にお任せだ〜!?

6章

もう、ここっきゃなくね!?

「終の棲家」巡りの旅編

ほっ！

施設への入居は、通常申し込み順ではあるのだが、入居者の「バランス」という問題もあるらしい。

28 有料老人ホーム巡り

もう、悩むより行動だろう！　実際に行ってみよう！

しかし、介護付き有料老人ホーム、めちゃめちゃある！

どこをどうセレクトすれば条件に合う、ピッタリなホームに出会えるんだ!?　と頭を悩ませる私であった。

条件……。条件……!?　条件!!

そうだよ、条件がわかんないから、悩むのか!?

振り返って思うに、老人ホーム選びは中学受験の学校選びに似ている。

あまたある学校の中から、学費、通学距離、偏差値、校風、大学進学実績、そういういろんな条件の中から選んで受験するのが中学受験だ。老人ホームもこれと同じじゃないか!?

ネットを駆使して、検索をかけまくり、パンフレットを請求する。

その際の条件は次のようにした。

・母（姉）の住まいから私の家までの間にあること

・入居一時金は500万円まで
・月々の支払いは20万円を超えない（15万円くらいが理想）
・ホームが看取りまで引き受ける

すると我が家に山のように「介護付き有料老人ホーム情報」が舞い込み出した。「快適な住空間」「癒やしのお住まい」「こだわりのお食事」「アットホーム」エトセトラ……耳に目に心地良い響きのオンパレードである。

「いかん、パンフを取り寄せすぎた！　かえってわかんなくなる！　もう、悩むより行動だろう！　実際に行ってみよう！」

有料老人ホームの経営母体は医療法人、宗教法人、地元の建設業者などなどで多種多彩な様相を呈している。

どこを見学して良いやらもわからないまま、なんせ素人なものだから、**有料老人ホーム経営大手から潰していこう**と息巻く。「倒産しないのでは⁉」「万一、倒産しても救済措置が取られやすいのではないか？」という読みがあったのだ。

最初に出かけたのは大手が最近建てたホームで、どちらかというと母（姉）の住まい寄りの立地であった。母にはこう言って連れ出す。

「どこでも見学者は500円でランチが食べられるんだよ！　こうなったら、500円ランチを総なめにして、ランキングを作ろうじゃないの！」

食事を売りにしているホームだけあって、たまたまラーメンが供されたが素晴らしく美味しい。ラーメンを出してくるというのはかなりの自信があってのことだ。

セントラルキッチン方式（完全院外調理）ではなく、その場で作る方式で、ひとりひとりの入居者の動向を見ながらでないとラーメンを供することは不可能だからだ。これはポイント高いよなぁと思う。

ポイント高いだけあって、お値段も高い。

入居一時金が610万円、月々が19万円。これに、どこであろうとも介護保険の自己負担が入るので要介護度に応じた金額がプラスされる。

さすがに民間で運営されている老人ホームはいろんな支払い形態を用意しているので、**入居一時金を減らして、月々を重くする支払いパターンもある**。例えば、入居一時金を280万円にするならば、月々は26万円プラス介護保険料になる。

一時金を多く払えば、当然、月々の負担は小さくなり、逆に入居一時金を少なくすれば月々の負担は増えるしくみを取っているのが有料老人ホームである。

入居期間が長くなるほど、入居一時金方式のほうがお得であることは明白。だいたい5～6年くらいで逆転するようなので、長生きをしそうだなと踏んだならば、一時金を入れたほうが後々の支払いがきつくなくなるということが言える。

建物も新しいだけあって清潔、豪華だ。

アクティビティー（部活みたいなもの）もこれから盛んに行うつもりだと聞かされる。

大手はどこもおもしろいことに説明役には、そこの施設長だとか、ケアマネではなく「お客様相談室」というところの案内専門の人が出てきて対応した。

そこも専門のお兄さんが対応してくれたのであるが、なんとなく引っかかるものを感じる。

「看取りまでやってくださるんですよね？」という質問を投げかけても、曖昧になる。

つまり、そのホーム自体に常駐していないので、会社全体については詳しいのだろうが、個別の事例については甚だ怪しい回答になるので、こちらが不安になってくるのだ。

おまけにこんなことを言い出した。

「僕、今月末で転勤になって九州に行くんですよ！」

どこがどう悪いということではないのだが、なんとなく信用できかねるものを感じていた。

決定的にダメだなと思ったことは駐車場が3台分しかなく、おまけに幹線道路沿いに建っている施設だったため、満車になっているときの行き場がない。結局、そこは断念せざるを得なかった。

何軒かの大手に行って「大手は高いなぁ〜」とぼやく私に救いの手が伸びたのはこの頃だ。

介護はケアマネはもちろんであるが、いろんな人に救いを求めたほうが絶対にいい。私はその頃、仕事上でもプライベートでも「**介護が嫌だ！　大変すぎる！　ホームが高い！**」と愚痴とも相談ともつかないことを会う人、会う人に訴えていたのである。そうしたら初対面の方だったんだが、こう言ってくれたのだ。

「父が申し込みしている施設があるの。大手ではないアーメン系だけど、母体はしっかりしていると思う。そこはね、入居一時金が50万円で、毎月の利用料金は15万4000円。父は認知症で要介護2なんだけど、万一を考えて2年くらい前に申し込みはしているのね。ショートステイでお世話になっていることもあると思うけど、もう3回順番が回ってきているの。ウチは今はそのたびに躊躇していて入っていないんだけど、ここはりんこさんの家からも1時間くらいだからお勧めするわ」

そうか〜。探せば、あるんだ！　と思って小躍りする。情報はどこから飛んでくるのかわからないんだなとありがたく思う。自分だけで探すのには限界があるのだ。

早速、アポを取って出かけてみた。

ところが結果、断念である。

とても良かった。バラ園などもあって、とても清潔そうで、施設長も好感が持てる。入居者の方たちからも「歓迎するわよ〜。一緒におしゃべりしましょうね〜」と言われて母も上機嫌だった。

でも、ダメなのだ。

居室に段差があるのである。そしてドアが開き戸なのだ。しかも居室にトイレがない。

つまり、一目見て母には暮らせないということがわかる。

これは現地に行ってみなければまったくわからない情報で、パンフレットだけでは決められないのだということを改めて認識したケースでもあった。

次に見学に行ったのが、こちらも大手。母のところからも、私の家からも1時間くらいはかかる立地であった。

入居一時金180万円、月15万円。

「お元気な方も介護が必要な方も、介護度の低い方も高い方も、同じ月額利用料で生活していただけるよう設定、駅近」というのが売りのホームだ。

ここもお食事は美味しく、感じの良い施設ではあるのだが、なんせ古い。いろいろなホームを見学して感じたのは、**一時金は立地及び建物の反映値段なのだ**ということだ。

ここはどこかの会社の独身寮を居抜いて老人ホーム用に改造しているように思える。そういうところはとても多く、居抜き物件なので新しく建てるよりも格段に安く済み、一時金を抑えられるという効果があるようだ。

古い建物だからなのか、荷物もごちゃごちゃに置いてある。

駅近も自力で歩けない母には意味がない。

極め付きは駐車場がなかったのだ。これでは母を病院に連れていくことができないということで、値段的には魅力だが即、断念物件となる。

ケアマネ友人が言った「りんこ、**介護に安かろう、良かろうはないからね!**」という言葉が実感として迫ってきたのである。

「そうか……。（施設に入れようとも）母を病院に連れていかなければならないんだ……」ということもはっきりわかった。

もちろん、有料老人ホームは、ほぼすべての施設に提携のお医者さんが往診に来てくださるのであるが、その多くは内科と歯科のドクターである。

母のように神経難病を患っている人、あるいは整形外科に頻繁に行く必要があるというような内科以外の持病がある人は、家族が連れていく必要があるんだなぁと考える（ヘルパーさんでも良いが30分単位で金はかかる）。

すると、どうしても、今までどおりに姉か私になるわけであるが、どちらかの住居に近くなければ、時間的にかなり苦しいことになるのは容易に想像できる。方針転換だ。母（姉）と私の住まいの間ではなく、より母（姉）の住居に近い場所か、より私に近い物件を探すしかない。

アンテナを張っていると、今までは気にも留めなかった情報が自然と入るようにもなるから不思議だ。

今度は、大手が建てた新築物件があるという情報をつかんだ。

18㎡（どこもこのくらいの個室）で一時金を320万入れると月々が22万プラス介護保険1割負担の値段で、トータル24万～25万円くらい（有料老人ホームの介護保険負担金は、施設によっても個人によっても異なる）。

500万円入れると月々は19万円プラス介護保険1割負担（トータル21万〜22万円くらい）、678万円入れると月々は16万円プラス介護保険1割負担（トータル18万〜19万円くらい）というメニューである。

話を聞きに行くとかなり良い印象を受ける。

そこもお客様相談員という方が対応してくれたが、これが何を聞いても即答してくれ、わからなければすぐに調べてくれる安心の塊のような人だった。

内装にこだわったというだけあって、ホテル風を意識しているようでもあり、高いだけある。自立の人から入れるホームだったため、同年齢の人たちとのおしゃべりを楽しみながら生活できることが母にとっての幸せにつながるような気がして、ここも魅力的に映った。

しかも理学療法士付きで、リハビリに力を入れているというのも母には好ましいところだ。

大手が良いことのひとつは、いろんなタイプのホームを完備していることだと思う。

もし介護状態が悪化して重篤になった場合でも、系列のナース24時間体制などという医療系に特化したホームに優先的に移してもらえる。つまり行き場を失うということがないように感じる。

母にとっては将来予想される胃ろう、たんの吸引、気管切開などの重介護になったらどうするのかということも大きなポイントだったが、万一、病状が悪化したときには「**メディカル対応OKな施設**（医療行為の必要な人も安心して入居することが可能な施設。インスリンの注射、胃ろう、中心静脈栄養〈IVH〉、吸引、人工呼吸器という医療行為に対応している)」に、家族が走り回らなくても受け皿を用意してくれる。**これが最大の安心材料**ではないだろうか。

もちろん、医療行為が発生しないのであれば看取りもOKということで、実際、対応しているという話も聞けた。

相談員さんはこう言った。

「大きな買い物です。即断は禁物です。**少なくとも1週間は体験入居をされて、本当にここで暮らして大丈夫なのかを確認しなければいけません**」

母は1泊1万円ほどを支払ってお試し入居をすることになった。

介護エピソード②

「悲惨な骨折」

母を転落からかばおうとしたら骨折した(そして怒られた)。

29 いくつになってもゲニ女心は複雑

お母さんはそんな年に見えるのかしら!?怒

1泊1万円以上もする老人ホームお試し体験に、母がすんなり頷くはずがない。しかし、事態は急を要していたのだ。

姉が静かに怒っている。

めちゃ怒って、物を投げるの、壊すのなら、まだ姉の怒りが静まるのをじっと待つという方法もあるのだが、静かに怒っているのはかなり怖い。

姉はこう言ってきた。

「私は(母に縛られることなく)正社員として働きたい!」

「このままではせっかく取得した資格が(母のせいで)無駄になる!」

「私は年齢的に後がない!」

「再来年はダンナ(りんこからみると義理兄)が定年。どっかの地方に再就職したら、ダンナに付いていく!(よって、難病母のめんどうはみられない)」

ああ、そうか、もう仕方がない。

就職とか、ダンナに付いていくとかは後付けの理由。

もう心底、母のめんどうをみるのが嫌になったんだ。亡くなった父も姉に在宅介護をさせたんだから、怒りが募って爆発しても仕方がない。

私は母にこう言った。

「いい介護付き有料老人ホームが新しくできたから、もうそこに入るべ！」

ところが、母は一癖も二癖もある難物である。

「いやだぁ～！　**姥捨て山なんかには行かない！**」と言い張る。

「お母さんはお姉ちゃんにおんぶに抱っこで生活しているのに、そのお姉ちゃんが『嫌だ！』と言っているんだから、仕方ないじゃん！　そもそも、お母さんが下手（したて）に出るどころか、めんどうをみるのは長女の役目と言わんばかりに礼も言わずにこき使ったから、こういうことになるんだろーが!?（怒）」

「だから、お礼は言ったもん！」

「お礼は言ったって『はいはい、お世話になりましたね！』とか『どーも、す・み・ま・せ・ん・で・し・た！』って捨て台詞のように言うのが〝お礼の言葉〟なんですかね？」

母は一転、同情を引くようなか細い声でこう言った。

「わかりましたよ。おねーちゃんに迷惑をかけるから、アタシは姥捨て山に行きますよ……」

言っておくが**現代の姥捨て山は快適**だ。

18㎡（この広さがどこも通常）とはいえ個室だ。

スタッフはいつも笑顔で、何かあったら飛んでくる。

食事も厨房で作られ、3食&10時・3時のオヤツも付いている。しかも美味しい。

医者は往診に来るし、美容院も出張してくる。

お風呂もスタッフが入れてくれ、日中はナースもいるのだ。

さすがに高いだけはあるのだ。

現役老人の恩恵を目いっぱい受けているのだから（医療費然り、年金然り）、「もう遺産は残さないでいいから、頼むから介護はプロに任せてくれ！」とこころから思う。

お母さんは、はっきり言って寝たきり確定の難病なんだよ！

元気なうちに身の振り方を自分で考えてくれ！

母にはこの説得が効いたのか、渋々ながらも5泊6日のお泊まりイベント（仮入居）を承諾した。１泊１万２０００円も取るなんて高すぎるように思えるが、安くしてその気がない人が押しかけるのを食い止めているんだろう。

そして、１週間。

女王様にお仕えしているようなスタッフの態度（私が行くと、間髪入れずに部屋にコーヒーサービスが来たりする）と、普段は自ら進んでは実家に寄り付きもしない末娘（りんこ）が、毎日、夜中にも顔を出し、それが甚(いた)くお気に召したのだろう。

　ついでに言えば、ウチの息子、母から言えば、愛しい孫が初任給で買った京ちりめんのメガネケースとポーチをプレゼントしにホームに来たことがとどめを刺したのだ。

　自慢したがり屋のばーさんに、とってもいい餌を与えたことになる。

　お試し入居が終わって、帰るときには好印象で、今すぐにでもハンコを押して入居する運びになっていたのだ。姉も大賛成だ。

「そうだ、もうひとり、蚊帳の外にいる兄にも連絡しないとな」

　私は兄に電話した。もしかして、この家にとっては大事なご長男さまなのだから、ご自分が母を引き取ると言うかな？　という期待感を込めた。

　なぜなら、兄の家から目と鼻の先に介護付き有料老人ホームが新築されたという情報を私は調べ上げていたのだ。

　兄はご機嫌にこう言った。

「え？　俺の家の近くにそんなのができたの？　でも、りんこ、俺がさ、そっち行くわ。お母さんもお姉ちゃんもりんこもそっち側に住んでいるじゃない？　だから、俺もそっちに引っ越すわ。ウチの奥さん（ちなみに義理の姉は運転できない）の母親も認知症でホームに入れようかって話になっているから、ちょうどいい。お母さんの入るところに（嫁の母も）一緒に入れてもらおうかな？(喜)」

はい――!? なんで、**おまえが知らん婆さん（兄嫁の母）まで連れてくる!?**

あまりの言い草に私は瞬間気絶しそうになったが、母は至って上機嫌であった。

「まあ、長男も来るって？ 嫁のお母さまも？ まあ、にぎやかになっていいんじゃないかしら！（喜）」

当然、私には殺意が芽生える。

「ふざけんなよ、こいつら！（怒）」

兄に一瞬でも期待した私が馬鹿だったのだ。

そうして、いよいよ契約締結のときを迎えたわけだ。

そしたら、肝心のご当人が**「やっぱ、行かない！」**と言うではないか!?

あと何年も立ってはいられない体なんだから、趣味のお稽古事くらいには車で連れてってあげようと思って、ホームの近くにお稽古教室も決めて、先生や生徒さん方にご挨拶も済ませたのだ。

なのに「やっぱ、行かない！」だと？

昭和一桁生まれ、**大金が動くのに耐えられなくなった**というのが理由。

この入居費用と月々の費用を払うと、遺産としては何も残してあげられないというのが言い分である。

だから、遺産は要らない！

シモの世話はプロに金払って、やってもらってくれ！ 頼むよ！

グズグズ言っている母。

よっく聞いたら、理由は意外なところにあった。

なんでも、同じ入居者の知らない婆さんに、こう言われたんだそうな。

「あんた、いくつ？　90(歳)くらい？」

この一言によって、じわじわと怒りが湧いてきたというのが真相らしい。

「お母さんは80なのに！　90だなんて、失礼にもほどがある！」

(正確には81だけどな。そこサバ読むか!?)

あのなぁ、80も90も、もう他人から見たら一緒だっつーの。

誰でも、80と言われたら80かと思うし、85と言われたら85だし、90なら、そうなんだーって思うだけだっつーの！

そう言って説得しても、一度、ねじ曲がってしまったものはもう元には戻らない。

「お母さんはそんな年に見えるのかしら!?怒」

母は断ると言って聞かなくなる。

せっかくの好条件（設備、スタッフの質、ギリギリ払える金額）をフイにしたのが、ボケているかもしれない、見知らぬお婆さんの一言だったなんて……。このホーム仮入居に至るまでの私の苦労が水の泡。

母は誰の世話にもならずに自活して頑張るんだそうな……。

そうですか、そうですか、もう勝手にしてください。勝手にどこででも、野垂れ死ぬなり、なんなりしてください！

私はもうこころから力をなくしてしまったのだ。

そして、ホームを断ったその日、母は梅ジュースを違う瓶に入れようとしてバランスを崩し、見事に腰椎圧迫骨折になりましたとさ。

介護エピソード③

「伝家の宝刀“忘れたね～”」

都合が悪くなると「忘れたね～」で乗り切ろうとする。

30 サ高住を見学する

サ高住というところは、自立から介護の手間が比較的少ない方向け住宅らしい。

他人（ひと）と介護の話をしていると、こんなことを言われることがある。

「りんこさんはお母さんとの同居は無理ですか？　お母さんが施設を嫌がっているのはひとり暮らしの不安と孤独が一番の原因だと思いませんか？　お母さんは年齢から見ると、長くはないでしょうから、最後は娘の家族と温かい雰囲気で生活できませんか？」（母はあと数年の命と余命を切られたわけではない。数年で寝たきりが濃厚というだけだ）

そう言い切れる人は実際、どれくらいの介護の経験があるのだろう？　どのくらいの親御さんへの感謝の日々があるのだろう？

目盛りがあるなら実際、ここに並べて見せてほしいとさえ思う。

母が不安で寂しかったら、子は仕事も辞めて、24時間、母のために尽くしまくれと、それが子としての当然の行いだとでもいうのだろうか？

私が一番、自宅介護には無理があると感じたのは夜中である。

老人には夜中のトイレ問題があるのだ。生理現象なので避けては通れない。

よって、介護する側の人間が頻繁に起きる羽目になるのである。この2時間ごとに睡眠を邪魔されるという現実が、赤ちゃんの育児と同様、メンタル以外では老人介護の一番つらいことではないだろうか。

もちろん母も気を遣って、ひっそりと行こうとはするのだが、それは気持ちだけで、物音はするわ、転倒はするわ、間に合わないわ……で、親子で「夜中の労働」をすることになる。介護者が側にいなければ、這ってトイレに行こうが物理的にほっておくことも可能であるが、至近距離にいるのなら、それは無理というものだ。手助けせざるを得ない状況になる。

これが毎晩、毎晩、続いたら、確実に介護者は疲弊する。昼間、仕事などがあって起きていなければならない介護者ならなおさらだ。私は何十回かのこの経験で、**母に娘の笑顔を届けたいのならば「夜勤のプロ」が必要だ**と痛切に実感していた。

母が介護付き有料老人ホームに資金面で難色を示すのならば、妥当な金額のところを探すしかない。もう一度、近隣施設を洗い直してみようと行動に移した。

先に触れたが「サ高住（サービス付き高齢者向け住宅）」という施設がある。まず、ここを実際に見学してみることにしたのだ（安いと聞いたからだ）。サ高住は老人専用賃貸住宅に介護サービスを付けることもできる施設である。毎月9万〜16万円ほどの家賃に加え、生活支援サービス代それに5万程度の食事代がかかる（介護保険料、各介護サービスは別途。敷金別）。

生活支援サービスというのは、主に安否確認（夕飯を届けてもらうときなどに、生存しているかを覗いてもらう）と生活相談（「買い物に行きたいから30分・1000円のヘルパーさんに付き添ってもらいたいんだけど？」という暮らしの相談を承るところ）が柱になっている施設が多い。この生活支援サービス代として2万～5万円を支払うしくみだ。トータル食費込みで、月20万円ほどになるところが多いようだ。

ここの相談員さんによると、サ高住というところは、自立から介護の手間が比較的少ない方向け住宅らしい。**身の回りのことはある程度、自分でできるが、不安な部分だけ手伝ってほしいというニーズに応える施設**という位置付けだそうだ。

まだ自立してやっていけるときは、その機能を失わないように、自力で行うことが大切らしく、同じような仲間たちと、同じ場所で過ごせることが大きなメリットのようだ。

相談員さんはこう言った。

「お母さまは通常は車椅子ですよね？　歩行には付き添いが必要だと。それだとサ高住はお気持ちが重くなってしまう施設になるかもしれませんね。皆さん、自力で外出も十分可能な方が多い場所ですので、身近な人がやっているのに、自分はできないとなるといづらくなるんです。やはり、どの施設もそうなんですが、**同じような介護度の方がいるということがお年寄りには安心につながる**んです」

つまり、母にはサ高住は向かないってことなのか？

入居をドタキャンした介護付き有料老人ホームの相談員さんにも**「お母さんはサ高住の段階はもう過ぎています」**とはっきり言われたことがある。

そっか、介護付き有料に比べて安いということは「自立」ということなのか……。

老人に手間がかからないので、スタッフの人数が少なくて済む。つまり「人件費が要らない＝価格設定が安い」のである。介護認定同様、ここでも「手間」というワードが出てくる。

サ高住の相談員さんはこう言った。

「介護は人件費なんです」

「ですよね～。（他人にやってもらう）人件費が払えないなら、子どもが人件費分を自宅で看るしかない……ってことですよね」と合点がいく。

「介護度が上がっても、サ高住に介護保険サービスを使って住み続けることも可能ですが、サービスが満額になり、超過した部分は実費になるので、高いと感じられる場合もございます」

と相談員さん。

つまり、介護保険でオムツ交換が1日5回と決まったならば、それを超過する部分は実費を払え！　というシステム。

「よくサ高住の『サービス』に介護サービスが含まれていると誤解されるんですが、違うんですね。1階に事業所が入っていたりして、スタッフも身近にいるから、そう思われがちなんですが、**サ高住が提供する『生活支援サービス』と、入浴の介助や移動の介助といった『介護サー**

ビス』は別物です」

「**サ高住で『介護サービス』を受ける場合は『在宅介護サービス』を利用する形**になります。介護対応の高齢者住宅では多くの場合、住宅に併設された訪問介護やデイサービスで介護サービスを提供しています。そのサービスを利用するのが一般的です。そうです、いわば外注ですね。ここが**一体型の介護付き有料老人ホームとの差**になります」

「そうですか、ならば、こちらは母にはちょっと……」とお暇（いとま）しようとしたところ、引き止められる。

相手はさすがのプロなのだ。

「そういう方のために、弊社は段階を追っての施設を完備しております」

つまり、そこは１８０万円の入居金（敷金）さえ支払っていれば、介護が発生したときに優先して、追加料金なしで系列施設に移れる特典があるんだそうだ。

系列施設には「住宅型老人ホーム・メディカル対応」というところがあって、看護師が24時間常駐。胃ろう、吸引などの医療ニーズに対応するとの説明を受ける。

でもなぁ、ペットボトルの蓋を開けてって頼むだけでも時間単位でお金が発生するんでしょ？　そのシステム、嫌だなぁ……。

相談員さんはこう言った。

「ただ、こちらとしても、ペットボトルの蓋をと呼ばれて開けたから5分、オムツから漏れたので、それの介助に30分、などということはしておりませんで、この方には1日の流れでこのくらいのサービスを提供しているなっていう概算で行っております」

「多くの方が『施設サービス』と呼ばれる管理費から計上しているサービスの中で事足りているものなので、いちいち職員を呼ぶたびにお金がかかるというご心配には及びません。実際に使っているケースはありませんが『自費サービスプラン』というものもございます。介護度が上がって、職員の介助がより必要になられた場合、1ヶ月に20時間までは33750円でサービスを提供するというプランなんですが、施設長に聞いたところ『施設サービスでやってしまいましょう』って判断になっていて、このプランは使っていないってことなんですよ」

サ高住の中には自社の介護サービスの利用を入居条件にしたり、不要な介護保険サービスを提供したりということが問題視されている施設もあるらしいし、母のように重度介護が予想される人間にとっても、いまいち不安が抜けない。

「介護保険のケアプラン、及び医療保険で適用できないサービスを住宅スタッフが提供するための費用：15分あたり525円」

こう規約に書いてあるのだから、いくら口で「取っていない」と言われても心配だ。今日は寝返りを2回させましたので1050円追加ですとか言われたら、金が持たない。難病の母に「なんで寝返りなんか頼んだのよっ！　高いじゃない!!」って怒ることだけは避けたい。

この施設は向かないなぁと諦めた。

31 最適なホームが見つかった！

施設は通常、申し込み順ではあるのだが、より困っている人を優先させている！

母には「介護付き有料老人ホーム」という選択が妥当だと実感した私は、丁寧にまた一から近隣ホームの洗い出しをしてみる（調べたら、結構な数がある！）。

すると一軒のホームに出会えたのだ。

早速、母、姉、私の3人組で見学に行ってみた。

そこは少人数だからかアットホームで、施設長自らが実務（運転手、営繕、事務、その他雑用）をこなし、ケアマネも一生懸命なことがすぐに見て取れた。

24時間見舞いOK、外泊OK、ペットも連れてきてOK（むしろ歓迎）、施設が外出にも連れていくし、リハビリにも力を入れる（機能訓練指導員が常駐）、看取りもOK。

本人の希望するとおりにホームで死にたいならそうするし、最期まで治療を望むなら提携病院に行かせるし、将来、呼吸器系やらの医療措置が入ってナースが24時間いないと困るならば、提携施設を探して、行き場がないということはないようにしているというホームだ。

ウチの場合は神経難病であるため、提携病院に神経内科が入ってくれていればなおさら、ありがたいという希望を持っていたので、「神経内科あり」の表示を見たときは素直に喜んだ。

しかも、渡りに船というのだろうか、提携病院（2週に1回の往診あり）であれば介護士さんではなくナースが無料で通院の付き添いをしているという話が出てきたのだ。私は歓喜する。介護でつらいことは様々あるのだが、**私にとって「通院付き添い」は地獄**であった。

この通院付き添いで、今まで私の丸一日がどれだけ潰れていたことだろう！（朝、自宅を7時に出て、夜は9時を超えて帰り着くことはザラだったのだ。病院、予約を取っていてもそれだけ待つ）

待ち時間もかかって大変なのであるが、丸一日エンドレスに続く母の愚痴から逃れられない状況は、苦痛以外の何物でもなかったからだ。

そんな苦行をホームが引き受けてくださるとは！　しかも無料!?（ヘルパーさんの付き添い価格は30分1000円程度が相場である）

価格的にも魅力であった。私には無理だが、母には可能そうだ（ちなみに入居一時金が200万円、月々17万円、介護保険、電気代、病院代、オムツ等の実費は別）。

「もう、ここっきゃなくね!?」と感じたが、**ただ今、9人待ち**。

今すぐには絶望的だとは思ったが、内情を話して、どうかお願いしたい！　と頭を下げる。

9人待ちということは入所者が9人亡くならないと入れないということなので、数年は無理だなと諦めていたのであるが、今回、事情は様々なのだということがわかった。

なんと、それからひと月もしないうちに「入りませんか？」というお声がけをいただいたのだ。施設は通常、申し込み順ではあるのだが、より困っている人を優先させている！

特養でも有料でも、老人ホームは施設長、ケアマネ、看護師などが参加する会議にはかって次の入所者を決定するらしい。そこに名前が挙がらないと話にならないので、まずは施設長、ケアマネたちに緊急度を理解してもらう必要がある。

緊急性が高い寝たきりであるとか、ひとり暮らしであるとか、生活保護であるとかが、特養の場合優先される（だから、独居が強いのよ）のであるが、このほど、**特養でも有料でも「バランス」という問題があるということもわかった**。

入所者全員が要介護5という介護が大変な人ばかりだと、介護士たちが疲弊するので、比較的軽い人も入所させるという「バランス」が図られることもあるらしい。

「入りませんか？」と言ってくださったこのホームでは、ひとりの欠員が出たときにこういうことがあったそうだ。

入居待ち1番の方は要介護が要支援になりそうで、そうなると施設を出ていかないといけないので今すぐの入居ではなく、待機にしておきたいという意向でキャンセル。

入居待ち2番の方は介護度が重く、空いた部屋が一番奥だったため食堂まで移動することが難儀という理由で、ナースステーション近くの部屋が空くまで待機ということになったらしい。

以下の順番待ちの方も、本人またはホーム側にいろいろなご事情があったようで、順番はドンドン繰り上がり、そんなこんなで新参者の母が「最適」という結論が出たらしい。いや〜、こんなことがあるのかと驚いた。駅伝で言えば、ごぼう抜きだ！

それからが大変だ。

今すぐの入居を誰も考えていなかったのだ。真剣にホームを探してはいたが、どうせ2〜3年はかかるとハナから諦めていた。お試し入居をして、すぐに返事をしないといけない。大慌てだ。

クリスマス直前という師走の忙しい中、こうして史上最高に忙しい1週間の幕が明けた。

介護エピソード④

「母との買い物は命がけ」

32

「終の棲家」という重い選択

介護は施設がやるにしても、精神的ケアは家族でなければ、どうしようもない。

人生にはモテ期が何回かあると聞くが、母のモテ期が今である。

見学した中ではかなり良いという感触を得た「介護付き有料老人ホーム」からの思いがけない「入居のご案内」が届いた（電話で届くのよん）その2日後、今度は母がショートステイで利用していた特養から「入りませんか？」との打診が来たのだ！

え——!?

「絶対無理、不可能、絶望」と言われている特養から!? しかも、この特養、ユニット式（大部屋ではなく全員個室タイプ）なのだ。

うれしい悲鳴を上げた直後、なおも驚くことがあった。

その翌日、今度は14人待ちと言われた別の介護付き有料老人ホームからもお誘いを受けたのだ。1週間のうちに、ほぼ絶望視されていたところからのまさかのお誘いが3軒同時に来た！

これを「モテ期」と言わずして、なんと呼ぶ？

こんなことってある〜？　状態だ。

通常、特養は2015年の法律施行以前でも、入所者は要介護3以上という暗黙のルールがあった（より介護度が重い人を積極的に救済するため）。しかし、先にも書いたように、**入所者のバランスということもかなり考慮されるようなのだ**。

もう、もはや、これは運とか縁とかしかいいようがないのであるが、500人待ちだからといって、本当に500人待ちという意味ではないし（すべての人が各々で複数の施設に申し込みを行っているシステム）、その中でも緊急度の高い人や、施設長あるいはその施設のケアマネのお眼鏡にかなった人が優先されるようである。

ただ、どこにホームがあるかを調べ、申し込み方法を調べ、細かい書類を書き、実際に申し込むということをやれる人間が側にいればいいが、お年寄りひとりではとても無理だろう。

このようなシステムの狭間で、本当に苦しんでいる人が抜け落ちているんだろうなぁと想像している……。

このお誘いがあった特養は母がショートステイにたびたび利用しているところであるが、職員さんの感じも良いし、建物も新しいし、かなり恵まれている（繰り返しになるが、特養に入所したければ、そこのショートステイを利用していたほうが入所の順番は上がりやすいのだ）。

母にとっては事実上の終の棲家になる場所を、3軒の中からすぐに選択しなければならないという状況を突き付けられたに等しい。さあ、母よ、どうする!?

提携病院に難があることがわかっている（患者さんを縛っちゃうから、そこんとこよろぴく♪って言ってくる「死人病院」）、しかし**費用が魅力的な特養か？**（↑母&姉の町寄りにある）同じ町にある、眺望抜群、**費用もそれなりの有料で提携病院（死人病院）付きか？**（↑母&姉の町寄りにある）

提携病院の評判は良いが、**費用はかわいくない有料か？**（↑私の町寄りにある）

最終判断は土日を挟んだ中3日でということになった。

娘たちがうるさく「ホーム！　ホーム！」と言うので、仕方なく見学に行ったという気持ちの母には青天の霹靂（へきれき）だったかもしれない。この時点でも母は、「ひとりで全部やれている（この世の誰にも迷惑などかけていない！）」と頑なに信じている節があった。

自分でできないことは娘に一声命令すればできるので（トイレに行くとか、ポストの郵便物を取ってくるとか、病院に行くとか、そういう日常の一切合切である）、どういうわけか、それは自分がひとりでやってできたという結果にすり替わっているのだ。

しかし、「姥捨て山なんか、行かないも〜ん。私は私のお家で誰にも迷惑かけずにひとりで住むもん。ふん！」と言う母のお尻に否応なく火が点いた。

もう、この時点では**姉妹に「母のひとり暮らし」という選択肢もなければ、「同居」という選択肢もない**。自宅を出て、姉の近隣市に住むか、妹(りんこ)の近隣市に住むかの選択になったのだ。

姉が言う。

「これを言ってしまうと、お母さんが死ぬまでの、多分、長い時間、りんこにものすごい負担をかけることになると思うけど、私の考えを聞いて。緊急ってことで、さっき特養の施設長とケアマネに面談してきたんだけど、納得いかないことが何点かあったんだよね……」

「私が『母を連れて外出してもいいですか？』って聞いたら、渋い顔をするのよ。『外出できる方にそもそも特養は必要ないですよね？』って返してきたの。でも、それじゃあんまりだと思って『母はまだ寝たきりではないので、そうなる前に、少しは外泊とか、それが無理なら外に連れ出してあげたりもしたいのですが？』って言ったの」

「そしたらね、施設長はこう言ったんだよね。『そんな（わがままな）こと言い出したら、キリがないですよ。お年寄りにはこういうところに入ったのならば、諦めていただかないと……。諦めるってことも必要なんです』って」

「それにね、オヤツとかも一切、ダメなんだって。『他のご入所者さんの手前もありますし、食中毒も心配なので、誰かひとりに認めるってことはできません』ってはっきり言われちゃったのね。もちろん、管理する側から言えば、もっともなのかもしれないけど、ここではあまりにお母さんがかわいそうだと思ったのよ」

「もうひとつあるの。提携病院はあの病院って決まっているから、これから何度もやってくるだろう入院生活をあそこで送らせないといけないっていう問題があるわけ。特養のケアマネに看取りはどうしているのか聞いたのね。そしたら、ケアマネ自身がこう言ったの。『利用者さんがお苦しみになっているのはご本人にとってはおつらいことですし、施設も責任がございますので、提携病院のほうでやっていただいております』って。特養が看取りを放棄したら、どこが（自然死の）看取りをしてくれるっていうの？ って思ったら、なんかすごい不信感が芽生えちゃって。お母さんをあそこにやってしまったら、私はすごく後悔が残るような気がする……」

「そう考えたら、お母さんにとってはりんこの近くのホームが最適な気がするの。でも、これを言い出したら、りんこにお母さんのこれから先を全部、丸投げすることになる。りんこに後の判断は任せるよ……」

うわぁ〜、これって、まさかの**下駄を預かっちゃったって感じ？**

母は姉妹が自分を押し付け合っていると思ったのだろうか、こう言った。

「もういいです！ 私は養老院（特養のこと）に行きますから！ 安いんでいいですから！ 怒」

入所はどんなに早くても2年先と母に言い含めての老人ホーム探しだったので、こういうどんでん返しがあるとは母にも姉妹にも想像できないことだったのだが、こころの準備がない上に、終の棲家という重い選択を迫られた形の母には納得感はなかっただろう。

散々、考えた。

国指定難病の母であるが、末期がんとかではないので、死期が専門家でもわからない。

ゆっくりとゆっくりと体が眼球を含めて、動かなくなるという神経難病なので（しかし、意識はある）寝たきりになっても、何十年と生き続けるケースも稀ではない。

こういう、どんな末路をたどっていくのかがまったく把握できない人を引き受けるという決断は結構重い（私には、この上に地方にお姑もいるのだ）。

しかも、私にとって母は毒母とも言い切れる存在……。介護は施設がやるにしても、精神的ケアは家族でなければ、どうしようもない。本当にやっていけるんだろうか？

もちろんウチの家族にも相談する。直接、私以外の人間が母関連の用事をするわけではないが、一応のお伺いは必要だ。

ダンナはこう言った。

「問題解決のために必要なことを選ぶ。極めてシンプルに考えればＯＫ」と。

子どもたちはこう言った。

「おばあちゃん、おいでよ、おいでよ！　そりゃ、こっちがいいに決まっている！」と。

お姑はこう言った。

「私はまだまだ元気やから、お母さんを看てやって！」と。

お試し入居中、母はここがいいとも悪いとも言わなかった。

ただ、面会から帰るときはいつもエレベーターまでやってきて、少女のような満面の笑みで私に手を振る。

私が小さいときから、この人は出かける私をいつも窓から見送っていた。

小学生の頃から大人になるまで、毎朝、窓辺に立って、満面の笑みで手を振っていた。

嫁に行き、里帰りをしたときも、別れ際には私が乗った車が見えなくなるまで手を振り続けていた。

「無事に過ごせ」と言われているようでもあり、「また、すぐ会えるね」と言われているようでもあり、幸せを祈られているようでもあり……。子どもの頃、やさしい笑顔で少女のように手を振り続けてくれる母の姿を見るのが、私は好きだった。

母はあと何回、私を見送るために手を振ることができるのだろう。

私はあと何回、満面の笑みで見送ってくれる母に会うことができるのだろう。

母はこう言った。

「特養は10万？　で、ここは20万でしょ？　一時金もいるからもっとかな？　もしここにしたら、あなたたちに遺せるものが本当にない。特養のほうがいいかね～」

特養……。母が広いホールで、ひとりぽつねんと窓の外を見ていた景色が蘇る。

……やっぱり、選択肢はひとつしかないか。

私は小さく息を吐き、車椅子に座っている母の肩に手を置いてこう言った。

「お母さん、もう、ここに決めよう。ここはいいホームだよ。ここだったら私の家からも近いし、ちょくちょくお母さんに会いに来れる。特養じゃなくてここにしようよ！」

母の嫌なところもたくさん見てきた。ワガママな振る舞いにブチ切れ寸前だったことも数知れない。二度と顔も見たくない！　何度そう思ったことか……。

でも、私は母の終の棲家を自分の家の近くにすることに決めた。

特養という選択をしたならば、満面の笑みで私に手を振る母の姿を二度と目にすることができないような気がしたのだ。

母はお試し入居を終え、そのまま本入居となった。

いつものようにエレベーターホールまで見送ってくれようとする母に、すでにこのホームに入居しているお婆さんがこう尋ねた。

「あら、アンタ、家に帰れるの？　いいわね～。私も家に帰りたいわ～」

母はそのお婆さんにニッコリと微笑みながら答える。

「違うわよ、娘を見送りに来ただけ。私はずーっとここにいることにしたの」

そしてエレベーターが閉まりきる直前、母は私の顔を見て、手の平をいつものように前後に動かしながら満面の笑みでこう言った。

「メリークリスマス！」

そう、今日はクリスマス当日なのだ。

りんご流

バカを見ないための㊙裏ワザ☞☞☞4

介護付き有料老人ホーム選びの
これだけは外せないポイント

□1. 介護のキーパーソンの自宅から、できるだけ近い距離にあること

□2. ホーム設定値段＋月額4万円ほどかかることを見越して、無理のない支払いであること

□3. 入居者本人の譲れない希望を聞くこと
（母の場合はカーテンではなく引き扉のある個室トイレと湯船の綺麗さ［お湯を1回ずつ入れ替えている］）

□4. 法律で決められた1：3（職員：入居者）の比率が、できれば1：2くらいであること

□5. 看取り、日々の暮らしなどに関する施設長の方針が明確で、職員のやる気が見られること

□6. 安定した経営母体を持っていること

おわりに

こうして母娘の覚悟のもと、母はクリスマスの日に老人ホームへめでたく本入居。本来ならば「一件落着！　バイバイ、またね！」なはずですが、そうは問屋が卸さない。

時は忘れもしない、その年の年末。そう、クリスマスから数えること数日。とんでもない事実が発覚しました！

この婆さん（母です）、**金融詐欺**に引っかかっていたのです。

何を隠そう、この本は三部作なのでありますが、こうして休む間もなく第2ステージの幕は早くも切って落とされるのでございます。嗚呼、なんとかわいそうな私……。

おかげさまで、その年の瀬はその後始末に追われ、大わらわ。本人だけがどこ吹く風。

そして、明けてすぐ。今度は婆さん（母です）、夜中に転んで救急車出動です。

私は丑三つ時に救急病院に駆け付けるという災難から始まった年となりました。老人ホームに押し込んだら、娘の平穏な暮らしが待っていると思ったら大間違い。気付いたときには、後の祭りでした。

これ以降も、何やかや何やかやと事件は起こって「いい加減にしろ、クソ婆あ！」と私はお怒りモード満載で、日々を駆け抜けていきました。

「駆け抜けていきました」……？

そう、過去形です。

母は今現在、多分ですが、天国にいると思われます。

絶対に、母だけは死ぬわけない！　という根拠のない自信を持っていたんですけどね、私。やっぱり、森羅万象あらゆるものに終わりはあるんですね……。

その間、いろいろなことが起こりました。

もちろん、我が家のことですから「安寧な日々」とは言い難く、「濁流に呑まれる」かのような事件のオンパレード。結局、突然の幕が下りるまで、母と娘のドタバタ劇場は悲喜劇となって上演されていきました。

この本はその第一幕ですが、後の顛末（「お金編」と「看取り編」）につきましても、いずれまた、さらなる増補改訂版として、皆様のお目にかけられるといいなと思っております。

両親を看取った後の、今の私であっても「親の介護は楽しいから、ぜひあなたもめくるめく体験を！」なんてことは、口が裂けても言えません。

本当に疲れ切りましたし、やっぱり、今も「あのとき……」「あのとき……」という、もう今さらどうしようもない思いに苛まれること多しです。もう、母が亡くなって4年も経つんですけどね……。

でも、同時に、こうも思うんですよね。

「親の介護」という「お鉢が回って」きたら、受けて立つしかないのかな……？って。

「子ども叱るな　来た道じゃ
年寄り笑うな　行く道じゃ
来た道　行く道　二人旅
これから通る　今日の道

通りなおしが　できぬ道」
という昔の人の声が、実感として迫ってくるようにも思います。

人って、まるで生まれてきた順路を遡るかのように、老いていく。いいも悪いも、だんだんと子どもに還って、そして魂は体から離れ、命は輪廻の中を回り巡っていくかのようです。

私もその中の命のひとつなんだな……ってことを、両親の枯れゆく姿を見ながら薄ぼんやりと考えることができたのは、今となっては良い勉強だったと思います。

さて、第一幕である本書を最後まで読んでくださり、ありがとうございました。

介護には、解決が難しい問題がいくつも潜んでいます。介護用語ひとつとっても、素人には難解です。しかし、何事もミッションは「段取り八分、仕上げ二分」。

仕事を進めていく上で、その準備は大切です。

最初は誰もが初心者ですので、介護のイロハもわからなくて当然。でも、できれば

「親の老い」は必然と捉えて、親御さんがまだお元気なうちから、その〝傾向と対策〟をシミュレーションしておくと、後が楽です。

本書を、そのひとひらにしていただけますれば光栄です。

とにもかくにも、この本を出すにあたり、多大なる協力をしてくださった監修者の小西裕美さん、デザイナーの寒水久美子さん、イラストレーターの渡邉杏奈さん、そして本書の生みの親である斎藤真史さんに、熱い感謝を。

そして、母。

「人間はなすべきときに、なすべきことをするのが旬な生き方」と思う私に、「旬」を授けてくれてありがとう。あなたが産んだ娘は「オッとどっこい」生きています。

やっぱり、介護のドタバタも、こうやって見るとおもしろいですね。

介護に疲れるあなたへ、本書が一瞬のオアシスになることを祈って。

2021年7月　鳥居りんこ

本書は2015年5月、ダイヤモンド社より刊行された『鳥居りんこの親の介護は知らなきゃバカ見ることだらけ』に加筆修正し、新たな情報を追加して再編集した増補改訂版です。本文中の話は2015年当時の出来事ですが、法律上の変更点については2021年7月現在の情報として欄外に記載しております。また、厚生労働省の書類等では「ケアマネジャー」と表記されておりますが、本書では、一般的に耳馴染みがあると思われる「ケアマネージャー」で統一しました。

［著者］

鳥居りんこ（とりい）

作家&教育・介護アドバイザー。2003年、『偏差値30からの中学受験合格記』（学研プラス）がベストセラーに。自らの体験を基に幅広い分野から積極的に発信し、悩める女性の絶大な支持を得る。

近著に『親の介護をはじめる人へ伝えておきたい10のこと』（同）、取材・執筆を担当した『たった10秒で心をほどく 逃げヨガ』（Tadahiko著・双葉社）、『１日誰とも話さなくても大丈夫 精神科医がやっている 猫みたいに楽に生きる５つのステップ』（鹿目将至著・同）、企画・構成を担当した『神社で出逢う 私だけの守り神』（浜田浩太郎著・祥伝社）など多数刊行。

●公式ブログ「湘南オバちゃんクラブ」https://note.com/torinko

●Facebook https://www.facebook.com/rinko.torii

●YouTube「鳥居りんこちゃんねる」

ブックデザイン　寒水久美子

カバー・本文イラスト　渡邉杏奈（MONONOKE Inc.）

監修　小西裕美（介護支援専門員・産業カウンセラー・上智大学グリーフケア研究所認定 臨床傾聴士）

スペシャルサンクス　斎藤真史

増補改訂版
親の介護は知らなきゃバカ見ることだらけ

2021年8月22日　第一刷発行
2022年4月27日　第三刷発行

著　　者　鳥居りんこ
発 行 者　島野浩二
発 行 所　株式会社　双葉社
〒162-8540 東京都新宿区東五軒町3-28
電話 03-5261-4818（営業）
03-6388-9819（編集）
http://www.futabasha.co.jp/
（双葉社の書籍・コミック・ムックが買えます）
印 刷 所　中央精版印刷株式会社
製 本 所　中央精版印刷株式会社

ISBN 978-4-575-31643-8　C0076